# 新个客家人

# 讓傳統文化立足世界舞台

## ——《協和台灣叢刊》發行人序

林勤仲

這是一種相當難得且奇特的經驗，四十歲之前，許多人常會問我的，總是一些生理與醫療方面的問題；四十歲之後，我最常思考的卻是文化方面的問題。

如此南轅北轍的改變，最主要的原因，應該是來自我的經驗法則：跟每一位成長在戰後的一代相仿，自童年長至青年，無論是家庭、學校或者是整個社會給我的壓力，只是讀書、考試，考試、讀書；而我一直也沒讓人失望，唸完醫學院後，順利負笈英國，接着又在日本拿到博士學位，先後在美國及台灣擔任過許多人欽羨的婦產科醫生，也正因此，讓我有太多機會在世界各地認識不同的友人。然而，這樣的機會卻總讓我感到自卑，這自卑並非來自專業知識，而是每每交換及不同的文化經驗時，少數識得台灣的友人，也僅知道這個海島擁有七百億的外滙存底而已。

這個殘酷的事實，逼着我不得不愼重的思考：什麼樣的文化，才足以代表台灣？

●

一九八三年間，我結束了在美的醫療工作，

回台全力投注於協和婦女醫院的經管，由於業務的需要，常有機會到日本去，有一次在橫濱的一家古董店裡，發現了十幾尊傳統布袋戲偶，讓我突然勾起兒時在台南勝利戲院，坐在長排椅的椅背上看內台布袋戲的情景；不久後，在大阪天理大學附設的博物館，看到那尊清乾隆年間的戲神田都元帥以及古色古香的「六角棚」戲台，還有那些皮影、傀儡、木彫、銀器、刺繡與原住民族的工藝品，讓我產生極大的感動，忍不住當場流下眼淚。

我的感動來自於那些代表先民智慧與工藝水平的器物之美；忍不住掉下的眼淚，則是因爲這些製作精巧，具有歷史意義又代表傳統文化精華的東西，在這外邦受到最愼重的收藏與保護，但在當時的台灣，除了某些唯利是圖的古董商外，根本乏人理會！

除了感動，同時也讓我感受到日本文化侵略的危機，這種危機感也許可溯自大學三年級的暑假，我參加基督教醫療協會，到信義、仁愛、望洋等山地部落，從事公共衛生的醫療服務時，便深刻體會到日治時期對台灣山地的積極教育，讓日本文化、語言以及民族性都紮下不錯的根基，其深厚的程度甚至令人驚駭，只是當時的情況，個人並無力改變什麼。及至一九八〇年前後，我結束學業，回到台灣後，第一件事便是找到彰化教育學院的郭惠二教授，試圖回到山地，經管一個模範村的計劃，結果模範村計劃因故流產，而那次再回山地，讓我不敢置信的是，由於電視進入山區，使得原住民族的文化幾近完全流失，少數保存下來的，卻是日治時期的文化遺產。

這是多麼可怕的文化侵略啊！難道連日本人走了，都還能予取予求地用區區的金錢，換取我們最珍貴的傳統文化？

如此揉合着感動、迷惑又驚駭的心情，讓我在東京坐立難安，隔天，便毫不考慮地到橫濱那家古董店買回店中所有的布袋戲偶，同時又透過種種關係，買回「哈哈笑」劇團最早那個被台灣古董商騙賣到日本的戲棚。

那絕不只是一時的衝動而已，我很淸楚地告訴自己，只要在我的能力範圍之內，將盡可能地尋回這些流落在外的文化財產；這些年來，雖沒有明確的收藏計劃，但只要是有價値的東西，我都不肯放棄，至今，也才稍可談得上規模。

嚴格說來，我是個典型受西式教育的人，加上長年在國外的關係，讓我對藝術或者文化，都懷有較深且闊的世界觀。

最早我在英國唸書的時候，便跑遍了歐洲重要的美術館，後來每次出國，只要有機會，決不會錯過任何一個可觀賞的現代藝術館。

除了參觀與欣賞，我也嚐試着收藏一些美術的東西，收藏的目的，除因個人的喜好，當然也因爲美好的藝術品也是不分國界的！

也許有人會認爲，在這傳統與現代之間，必然有無法調和的衝突之處，我又如何面對呢？其實，我從不認爲這兩者之間會有相互矛盾或衝突之處，任何一種藝術品都有其共通之美，而其中蘊含的不同文化特色，正足代表那個民族的特殊之處，傳統的彩繪與現代美術作品，正是兩類截然不同的作品，正因其不同，我們才能在彩繪中，體認先民的精神與生活狀態，它的價值，除了美之外，更在於它所蘊含的特殊文化表徵。

當然，時代的快速進步之下，傳統的美術、工藝與文化，面臨了難以持續的大難題，導致這個問題的因素頗多，例如政府政策的不當教育的偏頗以及社會的畸型發展，讓戰後的台灣人擁有最好的知識教育，卻完全缺乏生活教育，終造成今天這個以金錢論成敗，從不考慮精神生活的社會型態。

過去，也有許多的專家學者，對這個病態的社會提出不少頗有見地的意見，但我一直認爲，任何一個正常的社會，必要擁有正常的文化。台灣光復以來，政府當局全力追求經濟建設的成長，卻不顧文化水平一直在原地踏步，直到近幾年，有關單位似乎也較積極地從事文化建設；只是，當中共的廣東省政府，花了兩億美元整修一座五落大厝，成爲一座古色古香的廣東地方博物館時，台灣的左營舊城門才剛剛被毀，半毀的麻豆林家也被拆遷，這樣的文化建設又怎能談得上什麼成績呢？

在這種種難題與僵局之下，要重振傳統文化，重新獲得現代人的肯定，甚至立足在世界的舞台上，就不能光靠政府的政策與態度，而是我們每個人都有責任付出關心與努力，用現代化的方法與現代人的觀點，提昇傳統文化的品質，再締造本土文化的光輝。

●

從開始收藏第一尊布袋戲偶起，彷彿便註定我將走上這條寂寞卻不會後悔的文化之路。

過去那麼多年前，只是默默地收藏一些珍貴的文化財產，我當然知道，光如此是不夠的，但直到今天，時機稍稍成熟，才敢進行下一步的計劃。

這個計劃，大概可分爲三個部份，一是成立出版社，二爲創立協和藝術文化基金會，三則創設傳統戲曲文物館。

臺原出版社成立的目的有二；一是專業台灣風土叢刊的出版，這是一套持續性的計劃，計劃每年分三季出書，每季同時出版五種台灣風土文化的叢書，類別包括：民俗、戲曲、音樂、歷史、工藝、文物、雜俎、原住民族等大類，每本書都將採最精美的設計與印刷，用最通俗的筆法，喚醒正在迷茫與游離中的朋友，讓更多的朋友重新認識本土文化的可貴與迷人之處。我深信，只要持之以恆，所有努力的成績不僅將獲得關愛本土人士的肯定，更將贏得國際間的重視；二爲出版基金會的專刊，協和藝術文化基金會成立之後，將有計劃地整理台灣的傳統藝術之美，諸如戲曲之美、偶戲造型以至於建築、彩繪之美……等等。

至於基金會與博物館的創立，則是我最大的目標，這兩個計劃其實是一體的，博物館只是基金會的附屬單位，主要的功用在於展示基金會所收藏的文物與美術品；至於基金會本身，除了推廣與發展本土文化，定期舉辦各種研習營與表演、演講，更將策劃舉辦各種世界性的文物交流展，目的除了讓國人有機會打開更廣闊的視野外，更重要的是讓本土文化立足在世界的舞台上。

讓本土文化立足在世界的舞台上，不僅是協和藝術文化基金會與出版社努力的目標，更是每個關愛本土文化人士最大的期望，不是嗎？畢竟唯有如此，才能重拾我們失落已久的自尊！

（本文獲選入《一九八九年海峽散文選》）

# 台灣客協的小小獻禮

## ——《新个客家人》理事長序文

■鍾肇政

客家之研究，據筆者粗淺認知，方概始自本世紀初葉若干西洋傳教士之論著，稍後始有羅香林的《客家研究導論》（一九三三年）問世，應爲中國人研究客家人的嚆矢，而此書在台灣，流傳似亦頗廣。在台灣則有陳運棟的《客家人》（一九七八年）及《台灣的客家人》（一九八九年）二書風行一時，唯前者未出羅氏著作之範疇，後者雖然添加若干台灣部份，而若言「台灣的客家人」，則須留待後學去鑽研的部份，似仍然不尠。想像中，其他或許還有若干這方面的研究，筆者孤陋寡聞者未知其詳，謹在此表示歉意。

不錯，吾台的客家人四百年史，迄目前爲止還近乎一片處女地，亟待有心之士去披荆斬棘、力事墾拓，據此以言，本書《新个客家人》的上梓，可謂適得其時，實有其時代意義。

筆者這麼說，並非謂本書乃繼前述幾位碩學之後的研究成果。本書之輯印，主題交織在一個新的族群理念「新个客家人」之闡明，配以若干客家文化、語言、風物等篇章而已，若言深入的理念及文化探討以及族群認同之眞義，在現今台灣社會乃至風譎雲詭的世局等等，似尙難謂已有了廣泛、深湛之呈現。質言之，謂爲旨在拋磚引玉，其或略含啓蒙意味亦不爲過。

此無他，客家人在吾台之四百年歷史上，與其他族群如福佬鄉親、原住民九族鄉親，同樣受盡欺凌迫害，先有荷、西、滿清之壓榨盤剝，繼之則爲日本及國民政府之強權式獨裁統治，以致四百年來人性普遍受到扭曲，依附強權之奸人，代代享盡榮華富貴，忠於吾土吾民之義士則類多身首異處，否則嚐盡鐵窗囹圄之苦。這是身爲台灣人普遍的命運，史跡斑斑，無人能否認。尤其我客族，除此之外，前有滿清移民三禁之限制，墾拓時代復深受分類械鬥之害，遂成少數之弱勢族群，幾至難有翻身之日。致有「隱藏的族群」、「冷漠的一群」、「無聲的族類」等譏誚之語，人性之扭曲一致於此，令人慨嘆！

晚近隨著「解嚴」，言論尺度頗見放寬，正是吾族放開喉嚨齊唱自由頌歌之際，不意竟然依舊有開口洪秀全、孫文，閉口李登輝、李光耀……者，徒然自我膨脹，而無視於爭取平等、自由、民主等以求自立自保之台灣當前最大課題。這也是筆者不自量力，在台灣客家公共事務協會成立之初，提出「新个客家人」理念之緣故。

本會成立以來，承會員同仁們努力奉獻，或則爲闡釋新的族群理念，或則報導研究或田野調查的成果，經常撰文發表，不但已足可拂拭前述「隱藏」、「冷漠」、「無聲」等之譏誚，抑且揚起一片族群認同以及與其他族群共同打拚，以抗議不公不義，並爲新台灣之建設而願意精誠携手合作之決心。本會也和其他諸多民間社運團體一樣，堅守自主自立的立場，以致不免常有缺人缺錢之苦楚，然而由本書之上梓，亦可略見本會努力之一斑。

本書作者並非都是本會會員，然若數篇什，則成於本會會員手筆者約佔十之七八。這一點不僅可見本會之努力，而本會之濟濟多士，尤多妙筆生花者，差堪引爲本會之驕傲，尤其不乏好學深思者，令人想見本會對未來客族運動之成長乃至整個台灣之趨向光明前途，必有其可觀貢獻。

走筆至此，猶不能已於一言者。僅就本書執筆者言，職業分佈極爲廣泛，舉凡學界、教育界、文化界、宗教界、工商界都有，連在學學生也有一位，以致執筆者年齡，有老朽如筆者，與本書中年僅及弱冠者比，相差幾近半世紀之鉅，蔚成奇觀。這樣的年輕朋友，正是我族希望之所寄，同時也未嘗不是吾台之未來希望所寄。

除此之外，筆者尚知有若干篇章應選錄而告遺珠者。此處未便列舉他們之大名，不過筆者確知，他們是最年輕也最新銳之思考者與探索者。根據他們已發表之文章，探討之指涉已擴及台灣族群運動與反對運動之間的相關關係。在多族群社會的台灣，這樣的思考與探索，委實發人深省。尤其當他們思及台灣歷來已存在的族群與族群之間的矛盾乃至衝突，從事客家運動實應有臨深履薄的自覺，以及尤應有從大局著眼，以整個台灣之未來爲己任之胸襟才是。

前文裏，我不憚於提出本書「於深入的理念及文化探討以及族群認同之眞義……似尙難謂已有了廣泛、深湛之呈現」，實則在這方面，這批年輕新銳的思考者、探索者，已經在做且已有了若干成效呈現出來了。這也正是筆者之所以特別寄望於他們之處。

末了在感謝臺原出版社允予印行本書，同時也感謝本會同仁劉還月君編輯本書之勞苦高功之餘，筆者深盼在若干時日之後能夠有「續集」之付梓。屆時我們希望能不僅僅是「拋磚引玉」或「啓蒙」而已，上舉最深思最新銳的年輕朋友的精緻論述也能廣爲收錄，以期現階段之客家運動能獲更高層次的理論體系做爲參考。

一九九一、七，孟夏　鍾肇政　謹序於九龍書室

# 新个客家人

台灣客家公共事務協會／主編

# 1／新个客家人

# 新个客家人

■鍾肇政

大凡活在過去的光輝的人，可以說多半是「老人」。那也是「老人」的專利，大概也是「老人」的通病。那種似乎洋洋自得、自我陶醉，却又好像故作謙虛的模樣，恐怕是很叫人不敢領教的吧！

在許多的場合，喜歡數說過去光輝的客家人，好像還眞不少。在這些人嘴邊掛著的，不外是：當今華人世界最有權力的人物，都是客家人，台灣總統李登輝是，中國的鄧小平是，新加坡的李光耀也是，言下似有無限的驕傲。

如果是喜歡數說歷史陳跡的人，說不定他還會舉太平天國革命是客家人發動、領導的，例如洪秀全啦、石達開啦，還有某某、某某，都是客家人，他們搶到了滿淸天下的半壁河山，幾乎使滿淸皇朝垮台。自然，孫文革命也必然是他所津津樂道的，只因孫文也是客籍。

這樣的客家人，好像也是活在昔日光輝裏的人。自然啦，他不一定是老人，却使人覺得他有老人的通病，那麼洋洋自得兼自我陶醉。這一類人無以名之，或許可以稱之爲「老的客家人」吧！

也有另外一種人，是我在今年夏間以「客家

文化訪問團」一員赴美訪問時,在某城遇到的。這裏，我寧願將在場的一位福佬朋友H君事後寫來的信翻譯出來，錄在下面（原信係以日文寫成）：「那個大熱天的午後六時許,鍾肇政氏與我驅車到R鎮的一家中華料理店。在停車場停好車，正向那家料理店走過去的時候，一位穿上白色夏季西裝打著領帶的中年紳士，和似乎是太太的女性一起迎過來。他好像是鍾氏的舊識，操著流利快速的客語和鍾氏寒暄並交談，然後也向我同樣以快口的客語低語了什麼，想是普通的應酬話吧！我本來懂一些客語，可是因爲他說得太快，以致未能聽懂。我有一點困惑，只好默然，這時鍾氏便從旁用客語把我介紹給他，他面露歉意說：「原來你是台灣人，失禮失禮……」說的竟然是福佬話。我一時不曉得如何應對，只好緘默著笑笑並點了點頭。

是夜，整個用餐的當中，那位白色西裝的紳士都坐在我右邊，從頭到尾用福佬話彬彬有禮地向我搭話。我雖然應答如儀，可是心中禁不住義憤塡膺，爲什麼呢？

福佬人自恃佔絕對多數，認定福佬人即台灣人，福佬話就是台灣話，對其他的人們——客家人和原住民，以及他們的語言視若無睹，甚至予以蔑視，末了是在別種語族的人們心板中刻下比福佬人低一級的「劣等感」。並且就像那位白西裝紳士的態度所象徵的，迫使他們對福佬人採取類似阿諛的奴隸身段。我以一個加害者的身份，深覺無以措詞，只能勉強輕輕地以微笑爲應，然而，當時那位紳士不曉得有沒有意識到,他的內心深處已經被深深地刻上了「劣等感」，到了以一個被害者而向加害者之一的我，用『原來你是台灣人，失禮失禮』，來代替以一個不折不扣的台灣人身份言動的地步。

那與終戰前,我們台灣人往往向壓制者的「內地人（日本人）」以諂媚的態度接觸的情形一脈相通，並且也與東方人對白人的舉止身段如出一轍。

世界上，爲何像這樣，某一群人喜歡對另外一群人出之以差別的眼光呢？這眞是悲哀的事。

我可以想像，像這位白西裝仁兄，如果是在福佬人的場合，多半會隱去客家人的身份，憑一口福佬話，扮演一個福佬人的角色吧。

以上兩種客家人，在現今台灣社會上恐怕只能說是所在多有，司空見慣。其他，正如某些人所說，畏縮的、懦弱的、冷漠的、自卑的，也實在不少，因而受到這一類不客氣的侮蔑，該也是其來有自。

我想，這些通通都可以稱之爲「老的客家人」或者「舊的客家人」吧。

那麼「新个客家人呢」？

或許，心中有洪秀全、孫文，乃至李登輝、鄧小平、李光耀，這是無可厚非的事，但重要的不是把這些人名掛在嘴邊而洋洋自得、自我陶醉，而是在別種語族的人前抬起頭來表示你是客家人、說客家話，在家裏把自己的母語傳給下一代。還有，我們的客家運動就要展開了，你是否願意分出一小部份精神、時間、力量、金錢，來參與、來贊助、來推動，盡你的本份？

如果你能點頭說是、願意，並且即說即做，那你應該就是一個堂堂的現代客家人——這就是新个客家人！

**作者簡介**：

鍾肇政／桃園縣龍潭人，一九二五年生，講四縣腔。爲著名鄉土作家，代表作有《台灣人三部曲》、《濁流三部曲》等，多爲蜚聲海內外之皇皇巨帙。現任台灣客協理事長，台灣筆會會長。

# 邁向光明未來

■鍾肇政

台灣客家公共事務協會（簡稱「台灣客協」、英文簡稱HAPA）成立於一九九〇年歲尾。原始動機緣於一九九〇年夏我們曾經有過組一小型客家文化訪問團赴美之舉，歷訪美國各地大小城十餘所，參加大小型鄉親聚會（包括五大夏令會）亦達十數次。而每到一處，不是大型同鄉聚會裏有爲數不少的客家鄉親，便是有某地客家社團爲我們辦聚會活動，因而一路上都有了與羈美客家鄉親聚晤交談的機會。每當這樣的時候，我們總會聽到鄉親們對故鄉的一份強烈懷思與關切乃至憂慮。

他們關切、憂慮什麼呢？大的，如故鄉的政治、經濟、社會以及環保、人權等問題固毋論矣；小的，不用說是客家問題，如客家權益之普受蹂躪、客家母語之瀕臨絕滅等。故鄉的客家社團不少，爲什麼不見動靜？爲什麼不見起而爭取？這也是他們的共同感觸。一個新型的、行動的、強力的、有着牢不可拔的自主意識的團體，便也成了大多數鄉親們的共同希望。我們這個小小訪美團便是在鄉親們的這種殷望下，差不多可以說是銜命回來的。於是HAPA便在海內外有心的客家鄉親一致的期望下宣告成立。

在成立酒會的邀柬上，我提出了「新个客家人」觀念，撰文謂：

**史冊上曾經輝煌光耀的我們客族，曾幾何時成了弱勢的族群，或曰「隱藏的一群」，或曰「冷漠退縮」，譏誚詆毀，無所不至。而目睹客家語言之瀕臨流失，客族尊嚴之幾近潰散，能不懍懍於懷而瞿然心驚!?**

**新个客家人之出現，此其時矣！**

**我們雖未敢以此自許，然而我們確不願徒然**

●客家人不該再陶醉於過去創造歷史的光榮中。

**陶醉於過去創造歷史的萬丈光芒中，更不願自滿於以往英才輩出並管領風騷；我們所深信不疑者，厥爲客家潛力至今猶存。在此世局詭譎、社會擾攘、新的人文景觀亟待建立之際，我們願意爲尋回我們的尊嚴，再創我們的光輝而努力，更願意與其他族群——不論福佬、各省抑原住民各族，攜手同心，爲我們大家的光明未來而戮力以赴。**

酒會上，我們還請來了許信良與吳伯雄兩位政治明星，以「省長民選與台灣民主化」爲題辦了一場「台灣客協論壇」，造成各種媒體上的競相報導，轟動一時，算是踏出了光采的第一步。我們固然肯定過去諸多客家社團在聯誼、團結上的諸多成就，然而我們也更欣見僅僅本會的成立，似乎即已形成了某種刺激，促使各種客家運動更見蓬勃，爭取電視節目、推廣母語，以及本土客家文化的研究、展示等活動的風起雲湧等，幾有令人目不暇給之概。

這些日子以來，我們不敢說已經做了多少事，我們甚至也不憚於承認受了客觀條件之限制，不免有難以施展的苦楚，然而諸多計畫之中，有些已經邁開了脚步，有些則蓄勢待發。諸如客家學研究會方面，國內的，以及國際性的，均已有了基本架構，其中客家語言之研究與整理，更已是箭在弦上。其他如客家夏令營、下鄉辦說明會或演講會、獎勵研究生研究客家問題、協助各大學成立客家社團、舉辦客語演講比賽、出版會訊等，有的已經展開工作，有的正待付諸實施。我們深知困難重重，阻力橫生，但我們確實有一一克服，向前邁進的決心。

不錯，客家族群在現今台灣確實是少數、弱勢，然而自從三～四百年前渡海來到台灣之後，我們的先祖在這島嶼上的確找到了安身立命之地，在墾拓榛莽、保鄉衛土乃至反抗強權上，我們確實貢獻了一己的力量。在迎向光明未來的這當兒，我們依然有與其他族群同心合作的覺悟。我們深信這也正是爭取互相尊重、邁向眞正民主的不二法門。

——本文原爲《自由時報》〈客家人月報〉發刊詞

# 我們不是「隱藏」人

## ——龍潭鄉客家文化大展後的省思

■鍾肇政

一九九一年開春以後，以客家文化爲主導的大規模展示活動次第展開，屛東縣的首屆「客家節」拔得頭籌，於農曆年初三、四兩天熱烈舉辦，竹東的客家文化展與龍潭的「台灣區客家民俗文化大展」自元宵節（觀光節）起一連六天分別舉行完畢，據聞竹北市亦將有類似活動正在策劃之中。這種大規模的客家文化活動，過去縱不能說無，亦屬絕無僅有。客家運動自一九八八年十二月廿八日發動過一次萬人的「還我客家話」街頭運動，轟動一時之後旋歸岑寂，迄至今春始復見蓬勃，且地區之廣遍及全國。據此以言，一九九一年可稱之爲客家運動年，殆無疑義。

綜觀上述幾處的活動，除了客家文物展覽、山歌及演講比賽、客家食物展、聯歡晚會等爲當然的共同節目之外，以筆者得以就近觀察的龍潭客家大展而言，尙有狀元遊街、迎神賽會、民俗攝影展、民俗信仰展等等，不僅別開生面，抑且奇招迭出、多采多姿，令人一開眼界。

●

龍潭客家大展是由鄉公所主辦的，鄉內各機關團體，從公的代表會及各級學校到民間的青商會、獅子會等莫不熱烈參與，在尚是「紙上作業」的階段時起，就顯現出一種異乎尋常的熱度，進入緊鑼密鼓的籌備階段後，更是到了沸點，一個個的會在開，人們在鄉內外、所內外、代表會內外忙進忙出。那個樣子，恐怕只有在前線打仗的指揮官與士兵們的狀況差堪比擬吧。

自來，我有一種想法，在台灣，客家人不僅是「隱藏的一群」、「無聲的一群」，並且也是「談論的巨人、行動的侏儒」。想必很多鄉親都見識、聽聞過若干客家人聚集起來，總是喜歡高談闊論客家人過去如何偉大，例如歷史上的洪秀全、孫文等人不用說了，當今華人世界最有權力如中國的鄧、新加坡的李、台灣的另一個李等等，也是這些人所最津津樂道的。然後，還不忘爲諸如客家危機、母語流失、媒體尤其電視的忽視等等現實扼腕切齒乃至口沫四濺一番。

需知，這種人還是勉強可稱爲尚存血性與骨氣的人們，絕大多數的客家人則冷然漠然，大有事不關己之概。我敢說，這一次的龍潭大展，用事實來打破了這種「慣例」了。大展期間除籌備人員、工作人員的全力付出外，民衆的參與也可以說是驚人的。雖然天氣不若理想中之好，有時還有冷風細雨的美中不足，可是每個會場無不人山人海，來自海外的歸僑及外國朋友們也絡繹於途，最後一天（農曆正月二十日）的迎神賽會更有全鄉民衆傾巢而出，鼓陣、各種陣頭的遊行蜿蜒達數公里之長！

●

筆者常想，若論客家危機，以當今言，恐莫過於母語之流失。自來，客家人即有出外者慣常不敢說母語，隱藏客家人身分已如前述，近一二十年來情形變本加厲，即在自己的鄉鎮內，說母語的也越來越少，祖孫之間無法交談的情形司空見慣，一般年輕人甚且以只能說客語的上一代爲鄙，而以說國語爲傲。「寧賣祖宗田，不忘祖宗言」；寧賣祖宗坑，不忘祖宗聲」的客家傳統庭訓被棄如敝屣！近來屢屢有人提起客語不出幾十年工夫即可能消失的說法。說

●現今的客家危機，以母語之流失最爲嚴重。

者所提的，有的二、三十年，有的四、五十年不一，但是結果則同。無庸置疑，客語的消失，也意謂著客家人的消失，可見在若干人心目中，這件事極堪憂慮，且已到了燃眉之急。

這次大展，雖然未標榜母語問題，卻也由於若干有識之士每每不忘提到，所以大體上工作人員大都能以客語交談。筆者某晚參加一個晚會，守在門口的接待人員（小學生）出乎意外地竟然以客語說：「鍾老師，歡迎歡迎！」使我禁不住地驚喜了半天！僅此一端，我在進入會場之際即感到晚會是成功的！大展也是成功的！

當然，也有一個陌生鄉親向我說：「我碰到一位鄉親表示：我是大老遠地從台北趕回來看看的，最大目的就是想聽聽客家話。不料會場外的觀衆還是一片北京話，氣死人！」這話使我突感冷汗直下。眞是罪過呀！我忽憶起約半年以前一個老友黃卓權兄向我建議的話：碰到群衆場面，我們來分發一條布帶，上寫「還我客話」「大家來講客話」，讓大家人手一條繫在臂上，大家便該會說客話吧。我想也許此法很值得一試。

龍潭的客家大展已舉辦完畢曲終人散，明天起當可又恢復小鎮的寧靜。花了這麼多錢，這麼多人的精力，究竟有了什麼效果呢？這一點自然有待評估。然而有件事我不得不提出來。有一位熟悉的朋友，也是某公家機關的職員，向來與筆者接觸交談，必須使用國語，形成我說我的客語，他說他的北京語的奇異狀況。大展籌備期間，我發現到他偶爾也會講講自己的語言了，而且還說得滿好的。在這大展已告終的當口，他會不會又回到他的「國語生活」上呢？這一點我恐怕無法預見，但至少他不會再以說母語爲恥吧。果如是，這次大展便算有了收穫了。

龍潭鄉鄉長游日正在這次大展中提出了一個構想：成立一所客家博物館，並發動一人十元捐獻運動。有了這麼一所博物館，便可以蒐集、展覽客家文物器具，並供研究，確爲當前所需要。據云，桃園縣劉縣長已答應編列三千萬元預算以爲配合，游鄉長亦有四百萬客家人每人十元即有四千萬元的想法。不管如何，以目前言，建館一事前途未卜，不過由此次大展（在龍潭這已是第二屆，首屆在民國七十二年）亦可確定小鄉鎮辦大事之爲可能，不僅龍潭人，所有的客家人都應拋棄過去的畏縮的怕事態度，而更有自信地站起來才是。

——原載一九九一年三月十五日《中國時報》人間副刊

# 硬頸子弟，邁步向前

■鍾肇政

客家人的「危機意識」由來已久。如果說遠的，恐怕「客家人」這個族系成立之初即有類似意識。設使現存的有關客家起源的研究或客家史之類的說法可靠，那麼這種危機意識當可上溯到唐宋之際。面臨北方民族的入侵與逼迫，他們不得不一再地南下遷徙，以致歷來過的生活，多是顚沛流離，處境險仄。

播遷來台之後，一因人口居少數，再因遲來所形成的祉、經不利條件，造成困居弱勢而無法翻身之窘境，結果是危機不僅無法滅殺反有加重之勢。退居丘陵地區成爲「第二線居民」是其一，許多原存之客語方言的次第淪陷、消失，是其二。到頭來，不少客家人已懵然無知於自己的血統，進入其他語族而千方百計刻意掩飾自己的客家人身分者更比比皆是。危機意識之最危險者，厥爲處危境而不知危機的存在。筆者曾經有過「客家人的原罪」說法，原因在此。

所幸近年隨著解嚴的民氣普升，高喊客家危機意識的人忽然多起來。即以筆者有限的接觸，也常常會碰到三五友好談起客家問題之際，幾無例外地會激起辯論，爲客家人的不爭氣，也爲客家語言的流失而憤慨不能自己。尤其部份青壯年齡層的朋友，操著已然頗見走味的客家語滔滔不絕，口沫四濺，慷慨激昂地談論不已。此情此景，確實令人動容，且予人客家精神一息尚存的欣慰。於是我們看到一批這樣的青壯人士聚起來，發行《客家風雲》雜誌，也曾經凝聚而爲波瀾壯闊的「母語運動」，並以增設電視客家節目爲首要訴求，走上街頭。

其後，《客家風雲》發行工作未盡如理想，迭次改組，形成難以爲繼之局面，街頭運動雖然也爭取到「鄉親鄉情」節目，亦每週僅能佔用三十分鐘而已，於是客家的聲音又有復歸微弱的跡象。

一九九〇年夏，筆者隨民間的「客家文化訪問團」赴美，歷訪多處大城小鎮，參加了大小型鄉親聚會，獲得了與爲數不少的新知舊識接觸的機會。大夥聚談，每每情不自禁地聊起客家問題，客家危機再次在海外鄉親之間抬頭，已是極爲明顯的跡象。在多次的交換意見後，終究達到了一個共識：國內另組一個客家社團

●客家人的「危機意識」由來已久。（劉還月／攝影）

，以推動客家運動。於是我們返台後自八月間起積極從事籌備工作。很快地，發起人團成立了，執行小組也選出來，經過不少次的聚議討論獲得了一個共識，就是：「尋回客家尊嚴，發揚客家精神」。筆者並把這個意識化約成「新个客家人」運動，以期大家來呼籲「新个客家人」之產生。社團名稱亦經確定爲「台灣客家公共事務協會」（TAIWAN HAKKA ASSOCIATION FOR PUBLIC AFFAIRS簡稱HAPA），並於一九九〇年十二月一日宣告成立。

然則在我心目中新的客家人又是怎樣的客家人呢？簡言之便是要有新的胸襟、新的識見、新的行動。歷來，最常見的現象，是客家人一聚就喜數說歷史上客家人如何偉大，現今華人世界上客家人如何了不起，一旦出到人前又一味地掩飾客家人身份，扮演一個侏儒的角色。易言之，這是胸襟不夠開闊。再者，我們台灣目前正處空前的變局當中，亂象迭起，風雨飄搖，需要兩千萬顆心合力起來殺出重圍，始可達成現今台灣人所應追求的使命。做爲台灣人的一份子，豈可沒有一番新的認識？還有，有了新的胸襟與識見，接下來便是新的行動了。

歷來，客家人多以「硬頸」自許、自傲。誠然，這是值得珍視、驕傲的客家人特性。如果你認爲你也保有這份可貴的特性，那麼我要請你，從這一刻起再次挺起你鐵硬的頸骨，表示你是客家子弟，說你的母語，把你的母語傳給下一代。還有，在客家運動全面開展的這一刻，付出你一部份精神、力量、時間、金錢，去參與，去贊助，去推動，盡你的本份。我以爲這該就是新的行動了。

——本文原爲《自立晚報》〈客家人語〉卷首語

# 從客人到主人

■羅榮光

「客家人」在英文被譯爲「Sojour-ners」，有客居他鄉之意。然而，居住在台灣已長達三、四百年的客家人，若要成爲台灣的主人，能夠當家作主，就必須趕緊揚棄此一作客的心態，早日認同本土，紮根生長。

所謂「客家人」或是「客人」，總是在潛意識中，不敢去做主人，加以台灣三、四百年來都受外來政權所統治，做主人的自覺與意識，可說更是付之闕如。「客人」總是「客客氣氣」的，凡事都很被動，喜歡墊後，缺乏責任感，在台灣民主化以及台灣前途的主張上，大多數的客家人，還是抱持事不關己的心態，因此無法主動參與和獻身。

我經常在各個不同場合，與我的客家同儕互勉，如果客家人祇知拚命爭取權益，不願意在台灣民主化以及獨立自主的運動中積極參與，那麼，世界上絕對沒有白吃的飯，沒盡義務，怎有權利？沒有犧牲，那有發言權？客家人，由於是少數族群，更需要爲台灣的民主化和台灣前途打拚，將來才會受人尊重，才會有發言權。

在一九八八年十二月二十八日，爲爭取電視

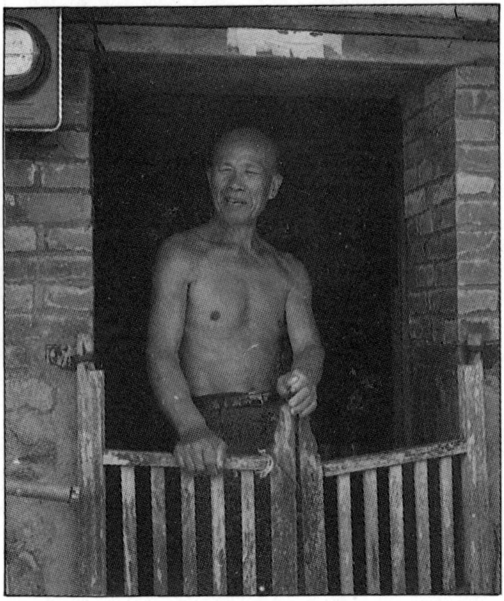

●歷來，客家人多以「硬頸」自許。（劉還月／攝影）

台有客語節目的客家人大遊行時，在街頭大量散發的傳單上所標榜的是：「客家人要與福佬人、原住民和外省人，一起做台灣的主人！」這才是健康的態度。台灣各族群都能互相認同，彼此尊重，和睦相處，形成一個命運共同體，攜手共創光明前途。

目前在台灣客家人中的知名人士包括文化界的鍾肇政、李喬、潘芳格、邱晨、羅肇錦、劉還月……學術界的劉福增、徐正光、李永熾、蕭新煌、梁景峰……還有政界的許信良、邱連輝、葉菊蘭、魏廷朝……還有許多不知名的草根運動者等等，對台灣的本土文化與民主自由都有卓著的貢獻，令我深以爲傲。期盼有更多客家的優秀人士，能加入這樣的前進行列，使台灣的「客人」轉變成爲主人，這樣才是「新个客家人」，也才是現代人民作主的民主時代之人民。

——原載一九九一年六月十二日《自立晚報》本土副刊

**作者簡介**：

羅榮光／現任台灣基督長老教會城中教會牧師，台灣基督長老教會總會教會與社會委員會主委，台灣客家公共事務協會理事。

# 客家人的政治立場

■李喬

台灣客家在台灣發展的歷史，和福佬人在台灣發展的歷史長短寬狹一樣。可是却由於三方面的原因形成「自己尷尬、外人扭曲」的面貌。

——三方面的原因是：

一、人數不夠多，又不夠少，自古以來統治者就百計企圖利用；而實際上被利用的情形較爲嚴重。日領時代如此，國民黨亦然。

二、古早有閩客之爭的事實，此事實居然成爲「客家人的原罪」，這個意識「內外交煎」客家人。

三、客家人的傳統精神世界上，「原鄉」意識與「漢家人」心態極重；加上歷史原因造成的——政治上、經濟上偏於不平弱小，使得客家人的發展更是難以油然舒暢。

在以上「勢力」造就下的客家人，迄至於目前最明顯的不利狀況是：客家族群不能組織團結起來，沒有力量，祇能寄生別人，成了工具；因爲不能以主人自居，在統獨焦點上找不到定點——勿論認同福佬人主導的獨派，或外省人領銜的統派，都有「身爲客卿」的危機感。

——這是「老客家人」、「傳統客家人」的困惑、意識糾結；隨着台灣近年來社會力的蓬勃發展，台灣人主體性自覺的茁壯，上述歷史情結，心理魅影，該是徹底廓清，恢復我客家人本分本色的時候。今天，在台灣是「政治」主宰一切，並決定未來子孫發展的時刻；我們客家人，面臨此歷史的交會處，命運的轉捩點，應有何種認識與立場？筆者不揣淺陋，簡說數點請關心客家、關心台灣前途的前輩朋友指教。

一、客家人是「台灣人」主體之一。福佬人習慣上自稱台灣人，實際上是「台灣人之一」；「台灣人」與各語系人關係是上下階位關係：即「台灣人」——包括㈠原住民語系人，㈡福佬語系人，㈢客家語系人，㈣中國大陸語系人。這些語系台灣人，勿論歷史情結如何，往前看，今後祇有合作一途可行。今後「台灣居民」不分語系，但論是否認同台灣，眞正疼愛台灣。

二、客家人要做以色列人，不作吉普賽人，台灣是我們移民的最後一站；我們的生命點定已然深埋台灣，子孫幸福的種子也唯有播植於斯而已。先祖固然來自大陸原鄉，但是彼猶如父祖離我而逝一樣，不可痴戀，唯有自尋活路才是好子孫。然則，客人懷台灣主人的自覺是必要的，積極參與關懷台灣前途的活動是我們的義務，我們不居第二線，不可與福佬人爭；我們爭的是民主的程序與公理、正義與法治。我們不因爲身爲客家人有所不同而爭，正因爲同爲台灣主人一分子而理直氣壯地爭。

三、黨派歸屬不限，統獨歸隊無妨，但一個台灣人的最高也是最後堅持是不能，也無權放棄的，那就是：台灣的主權獨立於「非台灣居民之外」，也就是台灣的主權永遠、絕對祇屬於台灣居民；台灣的前途由台灣居民自己決定；絕對、永遠不受任何「非台灣居民」干涉、阻礙。以上，就是台灣客家人最基本、最堅定的政治立場。

——原載一九九〇年十一月十三日《自立晚報》副刊

**作者簡介**：

李喬／一九三四年生，任中小學教師二十八年，現已退休，專業寫作，已出版長短篇小說二十餘部，近日從事本土文化思考工作。現任苗栗縣公共事務協會會長、公投會苗栗縣分會會長、台灣客家公共事務協會理事。

# 客家人在台灣社會的發展

■李喬

這個題目如果着重在「過去」，應由歷史學者來談；如果是「現在」，那就是社會學者的事。個人是本土文化的業餘思考者，在此祇能提出基於經驗的粗淺看法：

這個題目，是在以下的認定下來討論的：

㈠確認台灣社會是多語系，或多民族組成的社會；相對應於九族原住民而言是「多民族社會」，就後住民閩客北京語系人而言是「多語系」。

㈡此社會中，確有因不同語系或民族而有不同發展空間。客家族群在台灣社會的發展，確有其特有的阻礙。

——在以上二點認定下，我們試看：依客家人本身的條件或限制，找出可能是㈠比較好的，㈡或應該的發展。最後提出具體策略性意見。

另一方面，既然是追求「在這個社會裡」發展，然則這個自認或被一些人認為在台灣社會是處於「邊緣性」的客家人，應該如何認同台灣？這一點也要檢討一下。

就理論上說，影響或決定一族群（民族）發展的因素，大略說來有四項：

## 一、種族本身的特性：

種族的不同，對於文化行爲絕對有關係，這一點文化人類學家多有論述證明。其中，包括了非常複雜的遺傳學和生物化學上的模式。這些形成了同族群中各分子相近似傾向的軀體結構、眼光看法、對疾病的感染性、新陳代謝的速率、對於敏銳想像力、或數學的抽象思考力等等——無數遺傳學生化的秘密。解剖學發現人的左右大腦作用分工，而東西方人左右腦各有不同發展。好唱歌愛跳舞的民族，除了地理環境因素的歷史累積外，還是有其種族特性的。例如：客家人多鼻癌，有獨有疾病「蠶豆症」，以漢人爲中心的特殊性病症有「縮陽症」（Koro）和「畏寒症」等。Koro在台灣也出現病例……

也許，這個層次的「種族差異」，可能不在我們探討的範圍之內；次一層面的「種性」——文化的、生理的，例如：印象地說：客家人：工作勤奮，面對困難極能忍耐，重家庭觀念、男人很顧家；面對環境變化很保守；易接受領導，不易決斷，決斷後頗難改變；很務實欠浪漫情懷等等——這些特性是會影響發展方向與可能性的。

## 二、經濟狀況的限制：

一般地說，客家人在台灣開發史上，或較遲或規模小（尤其後者，前者還有疑點），這個歷史累積，應該是歷來客家人發展困境的主要原因。事實上，自古以來到目前，台灣客家人極少巨富，都在中層階級爲多。又據最近的統計，客家人經濟狀況在四分之一以下的極少。這個數據倒可以證明，客家人勤奮顧家，而又保守的性格。

## 三、政治上的差別或不平等：

基本上，台灣各語系族群自古都同樣是政治上的受害被壓迫者。客家人所面對的困境是：因爲弱小而求生存發展，容易走上向統治者靠攏的傾向。被統治者利用爲「以台制台」的工具，或是「分而治之」的犧牲品。結果是傷害了客家族群的自尊也同時造成與他族群間的緊張關係。

## 四、人數的多寡：

上述第三項在比較正常合理狀況下，第二和第四項是決定發展空間與可能的兩大勢力。近年來台灣的民主化有了進展，「選票」成爲社會與政治的主要資產。這時人數多少的意義就更顯示出來了。

其次看客家人的認同問題：

事實上，今天台灣各語系人，都有identity的問題。客家人的認同問題分爲兩個層面：

㈠**自我認同**：保守、自省、堅忍、自尊性極強的客家人，自我認同應該無問題的。可是，在北京語系人獨佔政治資源，擁有獨斷的支配權，而福佬人經濟力顯著優勢下，加上人數懸殊，客家人爲了「適存」遂漸漸成了都市的隱形人，鄉村的停滯者；放棄母語，學步他人，結果被擠爲社會的「邊際人」。

●台灣客家人極少巨富，都在中層階級爲多。（劉還月／攝影）

**(二)台灣認同**：客家人的流浪歷史經驗，造就兩個特性，一是頑強的中原原鄉觀念，二是相對於原鄉的「出外人」觀念。這兩個特殊心理、觀念，本無大礙，但是由於台、中的特殊政治勢態，遂使客家人處於「進退失據」的窘況。本來族群的發展，不斷往外開拓，並把新的空間當作往後往外發展的基地；這才是正常健康的路線。至於原鄉故鄉祇是「習慣的回憶」——淡淡而甜蜜的歷史感情而已。可是客家人既迷醉於往日的榮光，而現實又多橫阻，結果「出外人」觀念難除，認同台灣就成爲心靈的艱辛跋涉了。

至於如何建立客家人主體性地位的認同台灣？其中涉及族群精神世界與現實諸多問題，在此無法深論，祇提「心理建設」層面的方針數點供我族人參考：

**(一)確立「台灣主人」意識**：福佬人會調侃客家人是「人客」，我們會憤怒。雖然福佬人有相當成分的「福佬沙文」傾向。然而，我們客家人也應自省：到底自己是否百分之百以「台灣主人」自居？「人家」人多勢衆，卻也不足以拒斥人少勢弱的「我們」昂然爲主人的意願吧？除非「我們」爲台灣打拚的顯然比「人家」少！尤其當「我們」的付出顯然比例上多於「人家」的時候。「政治活動」最容易引起族群對峙，也最容易使失敗者「受傷」。但是如邱連輝、許信良等如何獲得「全面」支持的？值得「我們」深思。進一步說：「弱小」如客家、原住民，追求「平等壯大」最好途徑就是：趕緊「進化」爲「台灣人」（這裡所謂「台灣人」非囿於福佬人自稱的那種），是時大家都以「台灣人」的一份子——主人之一自居，而且確然是。那麼族群對峙或排斥就成爲歷史冷藏庫的資料了。所以，確立「台灣主人」意識，而認同台灣是我客家人繁榮進步的最重要觀念與作法。

——附帶提出來檢討的一點：客家人的活動裡，喜歡用一句「大有問題」的標語：「心懷客家，放眼天下」，我們自問：心中可有台灣？爲何忘了「立足台灣」？「心懷客家」有必要，因爲我們弱小；「放眼天下」可以是個人的發展，就族群說，這個觀念是荒唐的。「立足台灣」「擁抱台灣」是根本，豈可「故意忽略」？故意忽略的心態可以理解，在今天這個決定歷史命運時刻，這個心態是不能接受的，而且人家有理由鄙視的，「我們」應該虛心檢討。

**㈡追求民主制度的建立**：客家人喜歡「攀親牽戚」說洪秀全、孫文、毛澤東、鄧小平、李登輝……都是客家人。又說：中國大陸上客家人有二億人，世界上有……結論是……客家人還有一「圖強法」：依附統治者以對抗……或聯合中國客族以對抗……老實說這兩招，被人家取笑，緣木求魚不說，招來的災害就非祇客家族群自己而已了！

我們要要求公平，合理的地位與發展空間，唯有在建立制度上努力才眞正有效。誠然，法條不能處理社會人間的一切，但是大端大法確是可以明訂周知而要求一體遵循的。如有不平不義，我們依法依人間正義而爭。其中不必利用「關係」，不是運用「權謀」，更非利用「外力」，而是，堂堂正正，義正辭嚴之爭，在民主的公認之下，那大不平大不義就無所遁形了。反之，不求制度的建立，妄想「借力使力」或夾縫中圖利，那祇有永遠陷於芻狗地位，永爲強者、統治者工具而已！我們客家人，取捨如何，答案淸楚明白得很！

**㈢確認主權在我的必然性**：客家人是台灣主人的一分子，台灣前程的利害成敗與客家休戚榮辱，絕對是一致的。台灣的主權屬於台灣全體居民，這是台灣人一體共認而且必須以生死守護的。然則，客家人應有這個體認與決心，自不必多加解釋了。

**㈣與各語系台灣人平等合作**：不論「內外」如何虛幻描述、切割分化，事實上，台灣全體居民已然是一個不可分的「命運共同體」——誠然，內部有族群齟齬與階級矛盾存在，但是㈠內部調整的可能性高，㈡國際政經畫分的事實，㈢共同面對中共壓迫所形成的共同憂患意識——這三大力量，在今天以及未來，會使台灣人走上團結起來，進而建立屬於自己的國家的。然則，此形勢對於客家等弱小族群的發展，

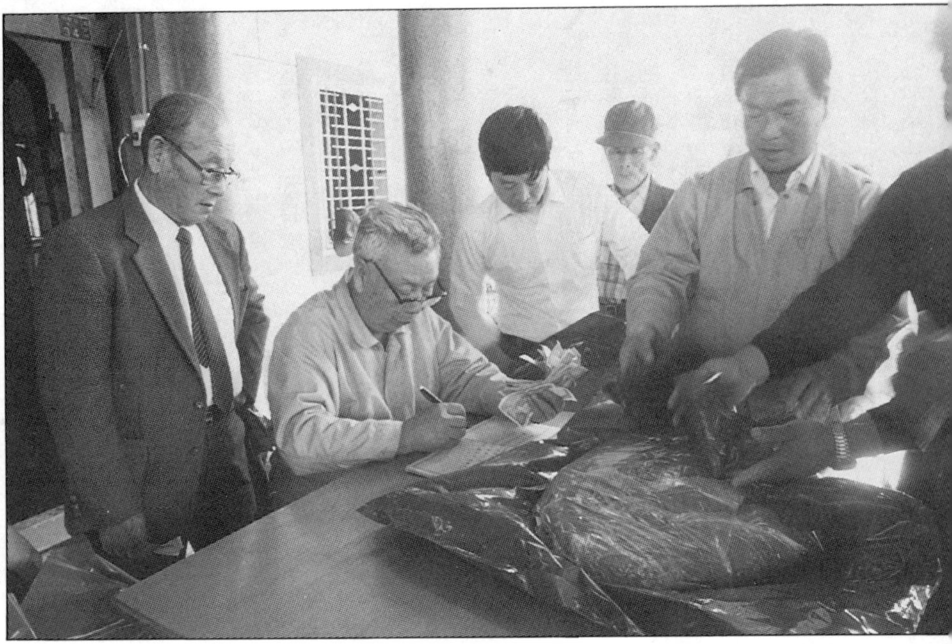

●客家人應以台灣主人之一自居。（劉還月／攝影）

勿寧是「形勢大好」！在此形勢與認識下，客家人要主動而積極地要求各語系台灣人平等合作。其中，或有所爭執，其時我們是「以同一平等身分」而爭，而非「身分有所不同」而爭。我們爭取公平、公義，而我們也要公平合理地承擔義務。

另一方面，由於語言的相似性，族群強弱的微妙形勢，客家人似乎比福佬人更容易與原住民，或北京語系台灣人相處；未來的台灣公共事務，台灣建設上，原住民，北京語系台灣人的積極投入，而且是以新台灣人一分子立場參與——這是絕對必要的。然則，客家人似乎可以擔任一微妙的積極角色。這是個人的「玄想」，祇供大家參考。

**㈤發揮客家人的優良種性**：這是最健康積極的做法，是我族圖存壯大自己的不二法門。例如上面提及的一些優良特性，發揮在自己事業與公共事務上，都是有正面作用的。不過，這些大都是次級層面的東西，應該認定理想與目標來發揮才好。例如：勤奮：要為奉獻台灣改造運動而勤奮；堅持不變：要不變堅持台灣主權屬於台灣全體居民；務實不浪漫：對原鄉故土與台灣的種種條件，要務實不要浪漫虛幻……

其次談發展的原則：

客家人應以台灣主人之一自居。這是最高原則，乍聽好似與「個人」關繫不大，其實群體與個人的發展是一致的，尤其今天的台灣所處的「艱難卻必須」作二選一的選擇——這個形勢上，如果群體大方向有所偏失，個人的事業，子孫的幸福與發展的可能，都將「回天乏術」！我們一定得避免「歷史的錯誤」：族群內鬥。我們更要提高警覺，不可掉落現實的陷阱：祇知向統治者靠攏，不想合理制度的建立；或妄想投身大中國以保客家利益！據於這個認識，客家人的發展原則是：

㈠積極投身參與台灣的各項公共事務；站在台灣改造運動的第一線。不可觀望，不可遲疑；發揮「硬頸精神」，勤奮以赴，堅持到底。

㈡在追求台灣的幸福前途上，客家人不能以任何理由或方式，跟福佬人搞「分離主義」，要提攜同是弱勢的原住民族群，要包容、理解北京語系的新台灣人。在鑄造新的民族、建立新國家大業上，扮演積極角色。

至於個人的發展方面，原則上，不外考慮我族群的共同優缺點，個人特質專長，以及現實社會的條件——依這三者而做決定。然則適合於客家人發展的事業或職業是：

一、資本額小，技術性高者。

二、合作而分工，過程艱苦者。

三、場所封閉，寂寞孤立者。

依上列三特性，實際的行業上，有許多是合乎要求的。

⑴**高學術方面**：客家人處於台灣社會的「近於」邊際人的角色。邊際人的觀察角度比較廣，對社會的心理分擔較輕，也許就比較客觀。這一點有利於學術。另一方也正合上列三特性。

⑵**文學藝術方面**：長篇小說寫作過程寂寞又孤獨，需要刻苦堅忍的性格。另一方面比較貧窮的社會生活經驗也是題材方面的好來源。客

家人愛看戲，愛唱歌，作曲，歌唱，舞台劇，或街頭行動劇等。似乎都適合於客家人一顯身手。客家詩人較少的事實，值得思考……。

**(3)高科技產業**：資本少，技術高，須分工，封閉創新而富挑戰性。客家人的性格與條件上，十分適合。

**(4)公務人員、教師**：客家人「奉公守法」「負責吃苦」這份德性最適合任公務員或教師。然而客家人「不往上看」，不敢爭的缺點也在此表露無餘。這是兩難之局。然而，就「謀生」層次言，就是如此這般了。

總之，由以上所述各方面看「客家人在台灣社會的發展」，我們可以得到如下的結論：

一、我們認為客家人在台灣社會，確有因語系關係而來的發展困境存在。

二、法治民主制度的建立，才是弱勢族群追求公平公理發展的根本。這是客家人共同努力的目標。

三、以平等自尊的態度，以合夥人的姿態，不亢不卑，自信負責地與各語系人共同努力、改造台灣建設台灣。客家人的良好發展空間就在其中。

四、展示客家人的優良種性，發揮個人長才，為台灣創造前途也就是成就自己的事業。今天以及未來，台灣的各語系人所組成的台灣社會，已然塑造台灣為一命運共同體。最後必然形成台灣民族，進而建立自主獨立的新國家。原住民，福佬人，客家人，一九四五年後來台定居的中國各省籍人——都是台灣的主人之一。各主人平等地享有台灣的一切權益，也要負起應負責任。客家人自不例外。

五、我們客家人不要做吉普賽人，要作以色列人。客家人遠祖可能是在不得已情況流離各地的。台灣是流浪的最後一站，也是安身立命的唯一根據地；子孫的幸福在此建立，生命的定點也安住於此。這就是客家人在台灣社會上求發展的正解。（一九九一年五月十六日於台大客家研究社演講稿，由本人整理成文。）

# 客家文化的兩面性格

■吳錦發

一般人提到「客家人」，差不多第一印象都是他們是一個「保守」、「勤勉」、「節儉」的族群。認眞說起來，這種浮面的印象觀，只看到了客家人的一個側面。

依我自己的觀察硏究，我發現客家人的性格中，有非常顯著的「兩面性」；深入追究客家人性格的底蘊，我們常可發現，很多時候，他們表現得「旣保守又激進」、「旣含蓄又開放」、「旣寬容又固執」、「旣自卑又自大」……。

不瞭解客家人這種性格特徵的人，也許會覺得客家人常常在處理事務上表現出「矛盾」的面貌。

事實上，客家人這種性格特徵的形成，和客家人在歷史、地理上的經驗有密切的關係。

較之善於航海、貿易被稱爲「東方腓尼基人」的福佬人而言，客家人自古以來，毋寧是一個更典型的「農耕民族」，「耕讀傳家」一向是客家人最嚮往的「幸福家庭」的典型。

因由於這種農耕「勞動者」的個性，客家人自古便不擅經商貿易（大家可查察，目前中華民國工商名人榜中有幾個是客家人？）也因由於是「農耕民族」，因之它的文化，便呈現出農

●台灣每一個客家莊，民俗風物都表現的極爲保守。(劉還月／攝影)

耕民族典型的「保守」特性，更加上客家人在歷史上南遷較遲，東渡台灣也遲於福佬人，因此客家村落大都僻處山林之地，地理上的封閉更加深了客家人的「保守性」。

但地處荒僻之地的民族，先天上爲了和大自然搏鬥，却又具有較驃悍的種性，另一方面，客家人又重視文化教育；一個驃悍又有知識的種族，在遇到現實生活窘迫的饑荒之年，就更容易走上「革命」的道路。

研究客家史的歷史學者都會發現一個事實，那就是這幾百年來，客家人幾乎一直都在搞「革命」，太平天國，辛亥革命，共產革命都有大量的客家人加入，甚至是居於主導革命的樞紐地位。

「革命」算是人類行爲中最「激進」的行爲了吧？那麼，你要說客家人是「保守」或是「激進」呢？

說客家人「激進」嗎？但你看看，在台灣每一個客家莊，民俗、民風、文物，處處却又表現得「保守」極了：更好的說明是在「音樂文化」方面，福佬語歌曲，民謠也好，流行歌也好，幾乎每年都有新歌，幾十年來緊扣著時代的脈動不斷創新改變，客家歌却幾百年來都在「九腔十八調」中打轉，少有創新，停滯幾百年不改變的「音樂文化」，你說是不是保守得「太離譜」了？

其他諸如我前面說過的：客家人「既含蓄又開放」、「既寬容又固執」、「既自卑又自大」的種種性格，我們只要仔細留心觀察，很輕易就可從客家人日常生活舉止中看出來。

說到這兒，也許有人要認爲，我說的客家文化具有「雙面性格」是一種「貶抑」，這我可得鄭重否認，我只是認爲客家文化這種看似互相矛盾的性格，就像輪子的「相對兩點」，這兩點恆以相反的力量作用著，推動車輪向前不停地滾動。

作爲一個客家籍作家，我只提供自己對客家文化性格的一種觀察，我無意加以褒貶。

——原載一九九一年一月廿日《自立晚報》本土副刊

**作者簡介**：

吳錦發／一九五四年生，中興大學社會系畢業，曾從事電影編導五年，現任民衆日報撰述委員，出版有小說集多部，其中《春秋茶室》曾改拍電影，中篇小說《秋菊》一九九一年底由中央電影公司改拍成電影。

# 保守之爲害
## ——對客家同鄉說幾句話

■吳錦發

一九八八年，我應台灣文學研究會之邀，赴美去做了二十多場的文學演講。

在洛杉磯市的一場演講會上，我以「台灣的客家人文學」爲名，做了三十分鐘的報告，演講會結束，緊接著當地的台灣同鄉們舉辦了一場名爲「台灣文化之夜」的晚會節目，主要的表演人是由紐約趕來的音樂家吳上峯先生和林淨薇小姐。吳上峯先生鋼琴伴奏，林淨薇小姐把福佬語歌曲以一小時的時間，很有系統地從日領到最近流行的曲子做了「專題演唱」。

我在台下聽著，心也爲之沸騰起來，待林小姐唱完，我也自願上台唱了兩曲，因爲當天的來賓中，有不少的客家同鄉，而且據說客家同鄉那麼踴躍參加在美國的台灣人社團活動是以前少見的，所以我也引吭高歌了兩首客家山歌，不想竟意外獲得了熱烈的喝采，有兩位同鄉爲我的兩首山歌表演，捐了一千美金給台灣文化基金會（可惜的是，這兩名捐款的同鄉是福佬籍。）

晚會結束，在會場外，我被同鄉們圍住說話，有幾個客家同鄉很激動，叫我以後在各種場合，應該大展歌喉替客家文化宣揚。他們激動的心情，我是可以理解的，但我也隨即告訴他們，其實，面對現代的客家文化發展，我是感到羞愧的，他們聽了大吃一驚，直詰問我爲什麼？

我告訴他們，就以今天的晚會演唱來說吧！林小姐唱了二十多首曲子，由這些二十多首福佬語歌曲的歌詞，我們清楚地看到了福佬籍台灣人，在將近一個世紀裏在台灣生長、戀愛、挫折、希望……等等生命歷程；而我，今天要表達客家人同樣的心聲的時候，卻找不到歌來唱，我只能唱那老祖宗幾百年來傳下來的「九腔十八調」老歌，老歌固然好聽，但台灣客家人的新歌在那裏？台灣客家人的「音樂文化」竟然在台灣停滯了百年之久，一個族群的文化停滯不前百年之久，這不是危險的現象，不是可怕的現象嗎？

客家人的保守性格，表現在文化上，就是帶來「停滯不前」的後果，甚至使得客家人對「傷逝主義」和「鄉土主義」弄得混淆不清。其實這兩者是截然不同的觀念，「傷逝主義」是一味稱讚過去，認爲凡是過去的皆是「好」的，而眞正的「鄉土」精神，則要正視現代，要反映現實，「鄉土主義」要求積極創造，而「傷逝主義」只迷戀過去，永遠活在過往的傷感之中。

從客家人留傳下來的各種先民文化中，我們可以看出，我們祖先原是富有創造力的族群，而今日的客家人爲什麼竟表現的如此畏縮、保守，而失去了「開放創造」的豪氣了呢？這還不值得我們反省警惕嗎？

只一味地誇耀過去，這是「敗家子」的諸多症候群現象之一，我覺得，我們客家鄉親，不可以如此永遠停在自怨自艾的氣氛之中，我們應該奮起「創造」！

幸好，最近我們客家同鄉中，已開始有一兩位音樂家在從事「新客家歌」的創作了，中壢的女詩人杜潘芳格女士也已在提筆寫現代「客家詩」，我多麼希望大家趕快拋棄「保守」性格，快點加入「創作現代」的行列，使客家文化走入現代現實之中啊！

——原載一九八九年六月《客家風雲》第十九期

# 客家精神？

鍾鐵民

旗山扶輪社幾位熱心推動社務工作的朋友，幾次促我邀集美濃地區人士，組織一個屬於美濃的扶輪社。在這之前希望先能參加旗山的社團，觀摩學習以後進行組織工作，將來兩鎮社團可以互相依恃，從事更多的活動。我找了幾個自己認識較深也認爲比較適當的人選進行遊說鼓動，但是得到的反應十分冷淡，有些推說事業繁忙，無暇分心，有些謙稱自己資格不足，怕招人笑話。本地區人士參加各類社團活動的意願總是很低，幾年前旗山成立青商會時，我就有這種體認了。

高雄縣有三大鎮，旗山和美濃緊密相鄰，前者居民是福佬人，後者幾乎是純粹的客家居落。原本兩鎮居民同樣以農耕維生，旗山人種香蕉；美濃人種菸草，但是如今旗山的發展已具有小型都市的雛形，而美濃則完全保存了傳統台灣農村風貌。這與兩鎮居民性格應該是有絕對的關係吧！

客家人天性勤勉刻苦、勇敢上進，生活上崇尚簡單樸實，性格上頑固硬頸和保守，使他們在漫長的歷史中能屹立大地之上，並保持特色。

●美濃保存了完整的農村風貌。（劉還月／攝影）

前些時，一位印度華僑因爲看過電影「原鄉人」後念念要看看美濃，趁到台中探望女兒的機會特地來訪。他是六十多歲的老先生，廣東梅縣人，在印度已居住好幾個世代了。他的客家話腔調典正，跟美濃語調幾乎全無差別。從他的敍說中得知印度有不少客家僑胞，他們有自己獨立的社區、有自己的社會，連孩子日常都說客家話，學校是自己的，教中國話，中學後送回國內受教育。

「落脚在印度，你們保持這樣的生活方式，怎麼可能融入印度人中，恐怕永遠都要被看成外國人吧！」我略感憂心的問他：「不是應該融進印度社會裡去嗎？」

「喔！當然也有些人與當地人通婚，慢慢也可以與印度人混雜在一起。」他笑笑說，那語氣卻讓我感覺出他有一種並不十分以爲然的神態。只是他表現得很含蓄。

這正是客家精神，我跟他用客家話交談著，覺得彼此全無界限，親近得就像是隔壁鄰舍在閒話家常。

客家人過份強調勤勉的特性，結果往往是過份注重現實生活，所有的活動都是爲了「生產」一個目的，活動如不能有益生產就是浪費無益，從事無益的行動總被視作罪過。因此運動、藝術活動在民間十分不受重視。每次電視新聞中報導如舉重、拳擊等項目比賽時，我在家鄉便常常聽到父老嗤之以鼻的以爲全無意義。活動必須是勞動生產，或至少是對生命有實際益處的事，這是追求實際的性格。爲藝術、爲運動、爲樂趣而努力全都是浪費時間精力的。

●客家人強調刻苦自勵的性格。（劉還月／攝影）

生活上力求簡樸，傳統上便把刻苦自勵當作是一種美德，追逐華麗享受自然就成了罪惡。他們篤實地憑恃自己的努力去應付生活，比較缺少浪漫情調，也因此在全省簽賭大家樂形成瘋狂風氣時，我不敢說沒有人去賭，但大體上我所熟知的客家鄉鎮都很平靜。企求不勞而獲不是客家人的性格，他們是保守清醒的。

但過份保守卻使他們在這科技日新的新世界中顯得反應遲滯，應付維艱，常常與周遭的人和物扞格不入。他們固然篤實，但也使他們往往只顧自己的事業，比較不願意去關切整體利益，比較少顧大局。這也就是爲什麼旗山有青商會、獅子會、扶輪社的國際社團組織而美濃地區一樣都無法成立的原因吧！

當然，這種說法只是就客家人大體的性格而言，不受傳統性格局限的大有人在。

旗山的朋友在我邀約組織扶輪社毫無成果後，頗感失望，只好退而求其次，要我先加入旗山的扶輪社。

「啊！不行啊！我這時節忙得要死，那有時間常常開會呢！」我吃驚的推拒：「而且，我不夠資格，你說是不是！」

朋友哈哈大笑。我突然慚愧起來，畢竟，還是客家人。

——原載一九八七年十二月《三台雜誌》

**作者簡介：**

鍾鐵民／台灣高雄美濃客家人，一九四一年出生於瀋陽，五歲隨父親鍾理和先生遷回台灣。台灣師範大學國文系畢業，現任高中教師。出版有短篇小說集《石罅中的小花》、《菸田》、《余忠雄的春天》；長篇小說《雨後》等，是六〇年代出現的以台灣農村爲寫作背景的重要小說作家之一。作品曾獲「台灣文學獎」及「吳濁流文學獎」。

# 發展客家新文化

■鍾鐵民

外地人到了美濃，拍照留念時，最喜歡的題材是客家老婦人，她們穿著舊時藍布長衫，據說還是清代留傳下來的型式。其次是找些古老的三合院夥房，或牛車、紙傘等等傳統文物，在美濃客家村鎮中，往往能滿足人們探古尋幽的懷舊之情。可是，身穿長藍衫的老婦一個個隨著時間推移慢慢消失了，三合院夥房也日漸殘破被拆除，重新建造的是西式洋房。美濃正不斷現代化，這使許多關心客家文化的人士心焦，他們很多認爲客家文化在現代化後即將逐步淪喪，便興起振興客家傳統文化，維持客家族群生活特色的想法。

客家人在台灣居於少數，約佔總人口的八分之一。在整個政治經濟力量上比之福佬人，顯然是弱勢。居於弱勢的客家人是否一定要維持傳統生活型態，才能保持族群的發展與存在呢？失去傳統族群特色後是否便融入了強勢文化中而被同化消滅了呢？

客家人自古族群意識便很強，有信心又自傲，一向自行其是。證之於客家女性在中國傳統習俗中獨不纏脚即可明白。美濃婦女堅持客家妝扮，長藍衫傳自中國原鄉，幾乎百年不變，文化上的保守自信，十足表現了客家人性格。不過，傳統客家文化畢竟是農業社會時代的產物，在農業生活時期適應良好，到了今天這個日新月異，變化快速的工商時代，傳統的習俗和生活型態是非隨時推移不可了。

固步自封，自給自足的日子到底已不能再回來，客家人在現代潮流中不僅不能保守，甚至要走在尖端帶動潮流。所以我們珍惜傳統文化，要保存、整理、重視客家人過去生活中具有特色的事事物物，但不能受這些古老有形的農業文化的束縛。如果一定要鼓勵客家後人爲保存舊文化而堅持依過去的型態來生活，那是開倒車的想法，事實上做不到。以長藍衫來說，在過去好長一段時間裏，它是客家生活的一項特色，美濃婦女今天不可能再穿這種服裝，但是愛護過去的歷史，如果在某些慶典中，婦女人人一件長藍衫，並不把它視作敝屣，就是珍惜傳統的最高表現了。當然，在現代服裝製作上，將它改良以適應新的環境，那更是發展傳統文明的積極作法。我想，客家人最必要的，就是發展屬於現代生活的客家新文化，這些新文化中可以表現客家人的傳統精神和風格。

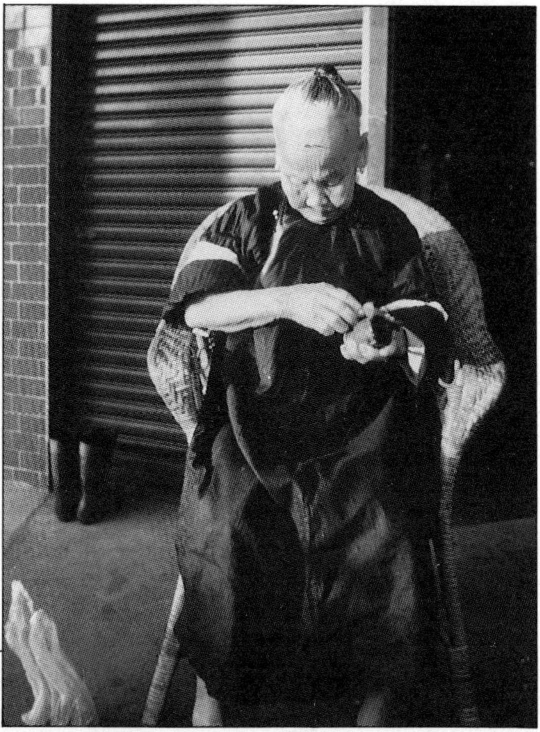

●傳統的客家老婦人。(劉還月／攝影)

日前有位國中校長說，該校音樂課最少要教會學生唱兩首客家山歌才准畢業。有好長一段歲月，大家把本土自己的所有傳統事物都看作粗鄙低俗，不登大雅之堂，這種情形閩客地區全都一樣，總是以爲外界來的才高尚、合潮流。音樂課本裏有中國大陸民謠、有西洋民謠，獨缺本土自己的民謠。主張學生學唱山歌是要讓子弟認識自己的音樂，不鄙視傳統的文化，進而珍惜愛護它。但是，山歌到底是農業社會的產物，在那個時代有它的生命。我們不能拿它來代替現代音樂。我想我們最好的作法是如何創造出屬於客家自己的，又符合現代精神和生活的音樂。

客家人族群意識消失的原因，是客家人看不起自己的文化。如果他覺得客家人樣樣不如人，使他羞爲客家人，自然他不再說客家話，鄙棄父母傳給他的一切，搖身去變成福佬人、外省人。這是客家族群的危機。在都市裏這種情形就更加明顯嚴重了。即使在鄉下客家人的聚落裏，也有這種現象，人口外流，外地人不斷的滲入，加上國府國語政策，使保有文化最重要的「語言」都大受威脅。台灣人（不止客家人），被錯誤的引導出一種觀念，以爲不能講出符合北京標準的「國語」爲可恥。爲達此目標，不惜捨棄母語，也就鄙視母語爲土話了。這種現象，受過高等教育的父母特別嚴重，他們想盡辦法輔導子女成爲「上等人」，一個絕不帶土氣的子女。這正是台灣客家族群的悲哀。

發展客家人的文化，既能表現客家精神又能顯出客家特質。比如文學、美術、音樂、建築等等，不是守舊古老的，而是新的、能適應新的世界的。如此，不必時時向別人強調傳統客家人的優秀，強迫別人認可，然後由別人的認可來肯定自己。有足以自豪的新文化，自然客家人本身對自己的族群就有信心，族群的意識也就很堅強了。

——原載一九九一年二月廿四日《自立晚報》本土副刊

# 客家研究的幾項要務

■楊國鑫

近些年來，在台灣關於客家研究的人及事已有漸多的趨勢，這個現象頗令人欣慰。可是大多由個人的興趣研究來完成，較少有組織性的團體出現。因爲這方面的推動，一直只靠民間的力量。我們知道，在台灣客家人的組織不少，可是卻未能扮演推動客家研究的角色，這有幾個原因。第一，客家人的組織多以聯誼爲主，以致組織鬆散。第二，客家研究是長遠且耗資之事，很難有組織或個人願意出錢出力。第三，在台灣社會，使得客家人所具有的角色與心態，較難有所遠見，生活在傳統與反傳統兩邊，難定下心來思索一下客家人未來的命運，而對自己的文化非常冷漠。

因此，客家人極需要新的觀念、新的作爲，來建立及提升自己的信心。在此之前，最要緊就是多了解自己，反省自己。而要達到這個目的，就是做客家的研究。這可分兩方面來著手。第一，就是相關文獻資料的蒐集與整理，這部分的資料較零散，尤需下工夫來完成。第二，就是實際的田野調查工作，透過踏實的田野工作，而呈現客家的眞面目。就個人的觀察，在此提出關於台灣客家研究極爲急迫的四個方向：

**第一、台灣的客家界定問題**：因爲在某些時候，我們會考慮到那些人是客家人，這是不爭的事實，不是分化的表現，而是使問題更明朗，更能達到在台灣社會的和諧及政治信念的共同認識。要做到如何的界定呢？若從學術上分類，依目前狀況大致可分爲台灣客家人、外省客家人、福佬客家人、半個客家人及華僑客家人等。這裡要提出來的是，一個人的歸屬於某一族群是有必要的，相當於有一個家的感覺，不論這個家的興衰如何。因爲家的興衰是靠這個家的每一份子來建立與維持，這個家的歸屬與扮演立足於台灣的台灣人身分並不衝突。至於這個界定的方式及定義，有必要邀集相關的學者專家來完成。

**第二、台灣的客家人口數**：我們往往在同一時期的雜誌或報紙裡可見到，所提的台灣客家人口數，令人摸不到頭緒。從一百五十萬、二百萬、二百二十萬、三百萬、三百五十萬、四百萬、四百五十萬、五百萬到五百五十萬等不一樣的數字都有，差距之大使人覺得無所適從。所以實在有必要得到一個接近台灣客家人口正確數的參考數字。這要做到怎樣的標準呢？應可準確到千人，即得到的台灣客家人口數爲×百×十×萬×千人。至於要如何來完成此項工作呢？可由一個台灣客家人口數的調查統計小組來完成。由小單位做起，即以台灣的鄉、鎮、市、區爲基本單位。由當地的地方人士來完成調查台灣的各鄉、鎮、市、區的客家人口數，以百人爲最小單位，如此即可統計出台灣的客家人口數。不過這個問題，早在日領時期已做得很完善，可見日本關心台灣這個地方的用心。而內政部每十年的戶口普查，卻逃避這個事情，當然這有其原因，在此不贅述。

**第三、台灣的客家話各種腔調**：我們很希望一個地區的統一語言是自然形成，而不是政策使然，而打壓或限制及鄙視其他語言。語言是無罪的、公平的，語言是人們溝通所使用，不是政策，不是規定。如此吾人也不願有統一的客家話出現。因爲台灣確實有許多不同的客家話腔調存在，假如電視要播出客語節目，那要使用何種腔調呢？又廣播客語節目要使用何種腔調呢？還有客語在台灣有多少腔調呢？各種腔調的差異性如何呢？又各種腔調是如何產生的呢？這些問題都有待研究。如此，我們最起碼要了解的是，台灣客家話有多少種腔調，其各腔調的使用人數、分佈地區及各腔調的互動關係。至於要如何做呢？應以語言學中語音、詞彙及社會語言學三方面，配合社會學、歷史學、人類學及音樂學等角度，去做台灣客語研究及田野調查，做出一個台灣客家話的圖表。

**第四、台灣的客家藝術文化**：這一部分是客家人藝文性的一面，也是生活層次的問題。例如客家民俗、客家文物、客家戲曲、客家歌謠及客家諺語等等。說清楚一點即客家人食、衣、住、行及育樂的問題。整理分析的工作是必要的，不論已消失、正在新產生，或只是某一區域的，都值得保留。要如何來做呢？可聽到的都用錄音方式處理，可看到的用照相及錄影方式來完成。另外也可創新屬於客家人的藝術文化，以適應時代的變遷。

以上是爲客家研究的四個方向，不過在這四項之前，首要成立一個以台灣客家爲研究對象的研究團體，來提醒客家人更關心自己。

台灣社會一日千里，世界局勢也是如此，我們不願意在時代的洪流裡，看到客家人消失於台灣的舞台。更不願意看到台灣在成爲一個民主化、自由化的國家時，少了客家人的參與。客家人，客家人，台灣的客家人，台灣的前途如何？覺醒吧！

——原載一九九一年五月十四日《自立晚報》本土副刊

**作者簡介**：

楊國鑫／一九六五年生，新竹縣芎林鄉人，新竹中學、逢甲大學畢業，曾任《三台雜誌》採訪編輯。對於客家之研究肇始於民國七十二年底吳盛智之陽光客家民謠，之後對於客家歌謠、語言、民俗、文化、歷史等做興趣之研究，同時對客家相關事務做採訪報導工作。近年來受作家鍾肇政先生之鼓勵，埋首於客家相關資料的整理與研究頗有把客家研究做爲畢身副業之願。現任教於新竹縣內思高工。

# 客家——做爲一種運動的理論性嘗試

■吳錦勳

台灣作爲海外孤懸之島嶼，親潮與黑潮的流經處，十六世紀末葉開始，來自海峽彼岸，自稱漢民族的人民，冒著來自各方的危險，渡過波濤洶湧的黑水溝，帶著劫後餘生的心境登上此地作爲移駐的終站，隨著時序的推移逐漸地與諸原住民各族一同站立在台灣的舞台上，承擔著歷史的荒蕪、寂寥、愚妄與悲喜，延續一代又一代莊嚴的族群生命，不論是源自新天地的嚮往或迫於生計或出於冒險的精神，來到這裡一如被土地挽留住般的，埋下祖先的骨骸，辛勞虔敬的生活下來，爲這裡注入著新的血脈，於是歷史如長河般無可逆返的交代著台灣住民的生活組曲。在此之中，除了不同族群間各種活生生的、激烈的生存競爭之消長關係外，通常，能夠改變這部組曲方向的就是幾百年來接連不絕的統治勢力。

這些勢力初始是局部的、微弱的，其後演成全面的、巨大的對台灣歷史航道深重的挪轉，這樣的挪轉對人民而言却也是淒苦的。

在檢視統治者的歷史中，我們明顯的發現，由西、荷、凊、日以迄今日的國民黨，莫不對台進行著或積極或消極的以及層面不同的操控。尤其是後二者在政治、經濟的掌握之外，更曾力行深具統御性格的文化運動，企圖以優勢的力量由上而下的，全面地改造所統治人民的精神結構、思維取向以及文化生活，以符合其不同的統治目的，使得台灣人常因著不同的統治者換著不同的國籍、不同的意識型態及不同的語言。台灣於一八九五年，甲午戰敗後割給日本，驚惶的台灣人被清廷無理的拋下，除自救之外別無他法，被出賣的憤怒燃起了全台各族群持續二十年慘烈的武力抗爭，初步形成了命運同體的意識，其後代之而起的文化抵抗運動，則進一步拓深了台灣意識的內涵，萌生了文化救贖的希望。然則，隨著日本侵華日急，加強對台的控御，配合強行的皇民化運動（國語家庭、配給制度…）、在文化意含上，搶奪台灣人對自有文化的忠誠，改造爲日本的殖民奴隸以效忠天皇，並且銳意經營台灣爲南進的跳板，爲其後的南洋「聖戰」鋪路。原先台灣人除受「清國奴」的賤辱之外，此時還得小心背上「非國民」的罪名。這種強烈的外力對大部

●一九八八年「還我客家話」大遊行。

分的平民而言就是精神的扭曲，扭曲的結果就是疏離，長久以來，台灣人被人疏離也對自己疏離，一九四五年日本戰敗後，國民黨勢力入台，帶著對日本的仇視與對抗共產黨挫敗之後的憎恨情緒，尤其爲迅速樹立自己政權的新正統性，無視於過去已經積累的一定程度之在地性文化，又再次強行以其爲中心的統治運動，永無休止般的將台灣建設爲反攻基地復國跳板，彷彿那是所有台灣人的天職，在接連的恐怖肅殺的氣氛中，台灣人民的意識又再度面臨被扭曲的命運。一個較具反省力的人，面對接連的這種外在的強制認同，無疑是極其痛苦的，「亞細亞孤兒」中胡太明認同上的兩難，在今日猶是許多人畏却的矛盾，可能只是內容上的更換罷。在這之中，尤其可怪的是：語言本爲一種溝通的工具，在統治者國家一統、民族優越的霸權下，被塡充轉化成一種政治符號，用以標記其統御力，而所謂「國語運動」自然勢在必行，在此意義下，「國語」即是統治者的語言而非國民的語言。且在統治勢力不斷神化後，夾帶的以統治者爲中心的語言，也提昇爲深具排斥力的語言。於今觀之，以一個人口數尚不及客族群的外來統治集團，在其語言逐漸取得正統性地位的過程，適足以指明其如何蠻橫地在此地樹立其政權的合法性，而居於台灣多數人民文化生活最基要部分的母語，就因爲政治力的影響而隨歷史恩怨陪葬了，說母語居然也成爲一種罪惡！莫怪乎，語言哲學家杭斯基言：任何一個國語運動其實就是政治運動。

然而，做爲一個簡單的台灣人就必須如此嗎？當台灣人一旦醒覺，了解到台灣並不必要做爲國民黨虛構的一元大中華民族論的欲望對象；了解到台灣之所以必須獲得存在的意義，並不附屬某些既與的目的之下，轉而尋求自身定位的價值時，台灣意識遂成爲精神上的新取向且爲現實上最有力的抗衡點，於是努力地回溯近百年來以台灣作爲中心基點的歷史活動狀貌，解放著各個事件的詮釋權，以積極的建立自主的意識。基本上，此等對大中華意識的分化正是「自我認同」的精神胎動，接繼著早先日本統治下所初步展現的命運共同的意識，而更強烈表達的是對國民黨政權所樹立欺罔性特質的叛離，重新落實下來，眞誠的審視著自己。

同樣的，當「台灣」意識一再提出之後，問題就出現於：以一個多族群、多文化交織而成的社會，「台灣」，作爲一個集體象徵性的符號，到底指涉怎麼樣的內在涵義？是故，問題不是在問：「什麼」是台灣？而應該問：「如何」與「爲何」是台灣？這是歷史發展所留下的處境，如前所述，過去台灣事實上並非一元民族自然演生的地區，就是在四十多年以前，台灣仍有新的族群加入，再加之歷史發展中，各族群間的關係是頗不愉快的，因此，「台灣」意識的干擾及其複雜是可想而知的。然而，若要眞求一開放的、徹底無欺的台灣意識，仍必須內在地解決各族群間存在的原始隱憂，及探究其歷史發展而來的盲點，才可能免除另一種虛幻意識的宰制與自欺。此點也正是對台灣意識賦予實質思考的臨界處境，唯有成功的跨躍而過才可帶給台灣眞正的幸福。若否，原先據以推翻虛幻意識的理念反倒又被此推翻行動本身顚覆掉而回到原狀。爲此，我們必須站立在一個更高的基礎上設想，亦即：在人性尊嚴、人權保障以及文化多元的要求下，賦予台灣意識高度的涵容性。實現上，首先我們必須解放的是原住民諸族與漢族之間的位階關係，在平等的基礎上解消大漢沙文主義對原住民的侵害與壓迫，尤其是蠻悍的「漢化政策」所強加給原住民諸族的精神壓抑扭曲。同時，極需要解放的就是語言階級，尤其今日除北京語之外的語言，全部面臨到嚴重的危機，族群人口愈少情況愈劣，此也是福佬人、客家人與原住民的共同課題，語言是民族的姓氏，失去自己語言的民族是可悲的，母語乃誕生之尊嚴，此等高度人權不容污蔑。對於任何型式的語言沙文主義，「深泛台灣語文運動」是必須的。

準此而論客家運動的原點意義即立基於以民族解放、語族解放以及源自人性與人權深度自覺的具體實踐，謀求一眞實的關乎切身的公義和平社會。而運動的主題即在於特殊文化（尤指語言）表現在教育、傳播、文化活動的權利以及對任何壓制者莊嚴的抵抗。然而，以「客家」作爲這個運動的符號也仍舊是有其危險的，它可能作爲長期積壓的屈辱意識的逃遁場所，或僅止於傳統社會封建意識的遺緒而停滯了發展，或者被利用爲本土反抗力量的分化，凡是險局就必須超越，這些都是今日客家運動需審慎面對之處。

再讓我們回到現實上看一看客家運動的發展痕跡，一九八七年十月《客家風雲》創刊，於創刊詞上寫著：「要站在客家人的立場，同時不落入客家沙文主義的基礎上，提升客家人內聚力……爭取客家人共同利益……」展現出意欲通過主體性追求的過程，確立自己政治、經濟、社會、文化地位的意圖。改組後的《客家雜誌》大抵不出此範圍。其後，一九八八年「還我客家話」大遊行，幾乎發動全台的衆客家團體走上街頭，以「全面開放客家話電視節目；修改廣電法廿條對方言之限制條款爲保障條款；建立多元開放的語言政策」爲訴求，掀起了台灣首度以文化層面爲主題的街頭運動。這也是在沈寂四十多年後第一次以「客家人」整體作爲運動主體的實踐。雖然如此，當局的回應是充滿小惠施與的意態。眼見客家運動逐漸失力之時，一九九〇年末以客家文化界人士組成之「台灣客家公共事務協會」，重新凝聚客家運動能量，且轉向了更大視野的提出：我們堅信客家人亦爲台灣的主人，我們願意立足於我們這塊土地，爲尋回我們族群的尊嚴，也爲爭取我們族群的權益而努力。我們也堅信，我們與島上其他各語系族群，不論是先後來到的福佬及各省鄉親，抑原住民各族，在法律之前一律平等。我們願在互信、互勉的基礎上與所有這些同胞手足誠心合作，共同爲台灣的光明前途而奮鬥。

當時，正是客研社積極籌備的階段，在未討論社團具體活動之前，我們首先必須面對到的是，我們應如何找到實踐的基點？我們深深的覺醒到客家人若有什麼光采的未來不會在誦讚於過去踟躕於現在便可獲得，認淸客家現實處境並釐除盲點以認承現階段客家運動的任務是客家人逐漸擺脫客人的位置而進入主人的契機，客家人不可能離卻台灣現實時空而能夠建立所謂的主體性，想跳離台灣作爲建設主體性的實踐場域而思圖客家人的未來，根本上即是對己的虛妄，虛妄招致的是毀滅。爲此，我們暫離一個學生社團的限制，大膽的提出我們的看法：

**㈠客研社的成立說明今日客家危機本質，因之即注定要與「客家危機」相抗衡，我們願把客研社當作客家後生尋求、探索與認同客家的起點，期對現今客家作積極的回應，她是一個社團，然而不僅僅只是一個社團。**

**㈡爲客家做事成立客家社的理由，不在於所謂客家的種種價值的判斷，而在於我們認同自己是客家人，我們做只因其出現危機。拋開情緒的判斷，拉回自然原點，我們做只因我們是。**

**㈢今日思考客家的問題絕非單純的懷舊，自閉於台灣社會之外再做一次社會隱形人，尤其我們自覺標舉鮮明的族群意識時，更無法不思及與台灣住民的關係。與其莫名其妙在台灣社會消失，毋寧主動的走入社會建設實質的主體性與其它族群共進自體文化於台灣大地，互尊、共榮、共存。**

自然，一個社團所能承載的運動能量是有限的，然則，我們極願意與諸位對客家持深厚思考的先行者，一道貢獻己力並且勇敢地期待歷史默默的檢證。

——本文原爲台大客家研究社《客家》發刊詞

**作者簡介：**

吳錦勳／台灣桃園人，現就讀台灣大學哲學系四年級，爲台大客家研究社首任社長。

# 客家文化的定義

■劉福增

「發揚客家文化」是近些年來台灣有心客家人士和客家團體，頻頻呼喊的一句口號。但是，什麼是客家文化？恐怕言人人殊，甚或模糊不清。當然我們可以從種種不同的考慮和需要來定義什麼是客家文化。在這裡我們要從發揚客家文化的考慮討論客家文化的定義。

我們要利用「客家話」和「客家人」這兩個基本觀念。所謂客家話，是指四縣話，海豐話和饒平話等等。所謂客家人，是指以講客家話為母語的人，或雖然不以客家話為母語但知道自己的母語應該是客家話，並且心目中仍然念念不忘自己是客家人的人——這種客家人主要是道地客家人的第一代或第二代，但已不太會或不會講客家話的人。

## 好的「文化」才值得發揚

客家山歌，客家地區每年舉行的「平安歲」拜拜，近幾年來常在桃園龍潭或新竹、竹北、竹東展示的「客家民俗文物」等等，都可以說是典型的客家文化。那末，所謂發揚客家文化的「客家文化」，是不是「就是」像這些的客家文化呢？當然不是。這有兩點理由。

●客家地區常舉辦客家山歌比賽。(劉還月／攝影)

首先，我們應該知道的，並不是所有「既有的」客家文化我們都要或都想去發揚的，雖然所有既有的典型客家文化——不論是好的或壞的都值得展覽出來，這主要是爲了思古幽情或歷史的借鏡，但顯然只有其中好的我們才要和才想去發揚。其中不好的，雖然我們把它當「古蹟」似的以某種方式予以「保護」，但我們不應去發揚。其次，我們要或想發揚的客家文化，有的只是潛在的，而不是既有的，有的甚至只是想去發揚而尚未有清楚概念的。我們也許可把這種客家文化，叫做想要的將來的客家文化。在將來可能形成和出現的客家文化中，也有我們不想要的。

## 「客家文化」定義的特徵

在相當期間中一再用客家話或客家語言表現

出來的文化，或者是在客家人的生活和思想中所形成的文化，是客家文化。這個客家文化的定義看似相當寬鬆，但我們相信這是發揚客家文化的推動者所要的和應要的客家文化的定義。這個定義至少有下列幾點值得注意的特徵：

(1)這是利用客家話或客家人為基底的客家文化的定義。我們相信這個定義相當能夠抓住客家文化這個概念應有的內涵和精義。離開這些基底，客家文化一詞便沒有特殊意義。

(2)這個定義給客家文化一個創進式的了解和把握。這個定義可以把過去的、古舊的、現在的、活生的、和將來的客家文化都包括進去。它具有回顧以及展望性。

(3)著名的客籍元老作家鍾肇政先生鼓吹所謂新个客家人。所謂新个客家人應該是由現在的，活生的和將來的客家文化來形成和鑄造。

(4)在這個定義下，客家文化可以和別的文化，譬如日本文化、美國文化、蘇聯文化、歐洲文化甚或非洲文化相容和相重疊。譬如，假如非洲的扭扭舞將來成為許多客家人日常生活中喜歡跳的舞，則扭扭舞也將是客家文化。

## 站起來反抗鴨霸的國語政權

客家文化將來可能消滅，但也可能發揚光大。任何文化都有這些可能。任何文化如果在自然和自由的發展中消失了，也不必太「頑固」的去挽回。但是，如果是在政治偏見的鴨霸下被消滅，則我們應該站起來糾正和反抗。四十多年來在台灣的客家話有式微之勢。但這是國民黨「國語」政權鴨霸的結果，不是自然的結果。國民黨的國語政權不允許在客家地區的學校教室裡使用客家話，不允許或嚴格限制客家話的電視和電台的節目和時間，是使許多年輕的客家人不會講客家母語的主因，這是國語政權的鴨霸。客家人應該站起來糾正和抵抗。

——原載一九九一年六月一日《民衆日報》政治版

**作者簡介**：

劉福增／台大哲學系教授，台灣人權促進會創會副會長，台灣教授協會會員。

# 客家，也可以辦文化夏令營

■陳板

客家文化活動或客家人的文化活動，是兩個不同面向的文化活動。可是，在近些時候風起雲湧的本土文化熱潮中，似乎都比不上在人口比例上遠遠不如客家人的原住民文化自覺運動之懇切與熱烈，更不用與近來逐漸能粗聲大氣在各種場合（從國會議堂到悲情城市）說「幹你娘」以展示語言自信的福佬人相比。而且，一般所謂的本土文化運動，也似乎有排開客語族、原住民之文化運動而簡化爲「居住於台灣島上，口說台灣化了的福佬語的族群所從事的文化尋根與認同運動」，還更使得客家文化運動始終找不到自己在此時此地的文化活動之價值定位。

我們試著從媒體上的客家現象來觀察客家文化活動或客家人的文化活動的發展狀況，或許可以發掘出一些問題來，以供從事客家運動的關心人士參考。

作爲最有效益的大衆傳播工具——電視，是兵家必爭之地，在電視上能擁有較多較佳時段的發言空間幾乎就等於在此地取得文化發展（甚至支配）的權力，同時也標指著權力擁有者在這個社會的「生命價值」。而客家人在三家電視公司中，却僅僅在台視公司取得每週三十分鐘而且是週二下午的邊緣時段。處在幾乎全天候的其他電視節目叢林中，這麼邊陲又短促的時段，能說些什麼呢？有心人士期望在這樣的發言空間擠進萬緒千頭的客家文化、客家語言、客家禮俗、客家……，結果，眞正談到客家文化的部分，僅有三分鐘。以客家人的立場看起來，談客家文化好像過街老鼠般害怕「人人喊打」，站在台視公司營運的立場、恐怕還覺得安排這麼一個低票房、低廣告利益的節目是勉爲其難的決策。從電視這個媒體的極度弱勢，已經表明了客家人在過去及未來的活動空間都甚爲狹窄。

爭取不到電視，報紙是接下來考慮到的言論場所，曾有一家標榜替客家發言的報紙在台北發行，但似乎也在其間若有還無地夾帶的政治利益垮台的情況下銷聲匿跡；再來的有效工具是雜誌，過去有一個曾在書報攤雜誌上公開發售的《客家風雲》，後來也因銷售情況不理想，而改版成《客家》以新的陣容再出發，但却不再如過去般風光了，今天已經淪爲訂戶之間的「同仁刊物」了。

《客家風雲》是一份結合多位對客家文化有熱忱的工作群所編輯而成的多元性刊物，在難得的幾本早期客家研究的專書之後，《客家風雲》提供了相較之下在某種程度可以接續得上這項文化研究的機會之參考物。至於銷售情況不良的情形，據側面的瞭解，並非客家鄉親不關心這份刊物，而是多數客家鄉親習慣性地把書店的書架，當成圖書館的書報閱覽架，許多客家鄉親每個月便定期焦慮地等在書店門口盼望它的來到，直到它無聲無息地消失；我也曾在它突然間消失在書架上而焦急地探問多位書店老闆，「這一期的《客家風雲》到了沒有？」可是得到的答案都是「已經不再送了，連過期的都收回去了！」才知道又一個替客家說話的傳播媒體，沒有明天了！

具大範圍影響力的媒體之發言機會取得困難的情境下，也有許多不死心的客家仁人志士，抱著搞不了大的先搞小的心態，經營地方性刊物，以作爲鄉里間訊息的傳遞與鄉土風習的紀錄，自有其不可忽視的意義。可惜至今爲止，北台灣客家人所編的地方性刊物傳不到南台灣，南台的客家地方刊物也流通不到北台。

從全國的媒體（電視、報紙、雜誌……）還不太重視這個語族的吶喊之現象看來，短時間內想看到客家文化活動成爲本土文化運動中的「合法」成員是不太可能的。

其次，從一般的社會現象中也約略可以發現，客家人除了被當局長期失控的語言策略（或由有心或由無意）運作下，除了因外在形勢之需要而努力學習「欽定」國語外，竟還在內在心裡自行矮化自身母語，甚至斥之爲低俗不雅者亦不乏其人！

對於擁有三百萬鄉親的台灣客家語族而言，此種文化環境僅能套句流行政治俗語——痛心疾首——來形容了。雖然如此，可還是有許多客家鄉親在非「國」即「台」的語言環境中，依舊相當替自身及自己兒女焦慮、謀出路的。但不知什麼緣故，這種個別焦慮鮮能匯成集體焦慮以形塑一個強而有力的文化運動。

爲此，《客家》雜誌與一群關心客家文化及關心本土文化多元發展的有心人士便爭相奔走，在一九九〇年八月中在北台灣客家十五大庄信仰中心的新埔義民廟舉辦有史以來第一次的客家文化夏令營。地點的選擇也是極具文化象徵意味。此外，在活動內容的安排上也是盡可能在文化性、知識性與聯誼性不偏廢的情況下尋找理想的講師與工作人員，雖然因爲活動屬初創，草率之處多所難免，可也希望能在不知不覺中耳濡目染，一方面讓客家子弟重新認識自己的爸爸、媽媽的文化精髓，另一方面也提供給有心認識本島另一個少數民族的研究者共同參與多元文化建構的新文化運動之機會。

——原載一九九〇年九月十一日《自立晚報》本土副刊

**作者簡介**：

陳板／本名陳邦畛，台灣新竹縣人，現爲第三工作室成員，黑白書會會員，曾出版書法集《陳腔集》與《陳·年·老·前·衛》二書。參與新竹縣文化中心設計案。

# 客家人的哲學

■羅肇錦

客家語的「識」包含先天的理性和後天的經驗！而「愛」則包含了物質的欲求也包含了精神的理念。從這兩個有歧義的詞彙裏可以體會到，客家文化有一種頗爲持平而富於包容性的生命哲學與認知方法，這正是客家人強韌硬頸的原動力。

客家人口語中的「愛」（音〔oi〕）是「要」的意思。例如：「愛出門」就是「要出門」，「愛看戲」就是「要看戲」，「愛來無？」就是「要來嗎？」，「愛無？」就是「要嗎？」，「無愛」就是「不要」。

●客家人是個強韌硬頸的民族。（劉還月／攝影）

## 填不滿的「愛」

換句話說，客家人一出生就開始「愛」了。小時候「愛食」、「愛著」、「愛哭」、「愛人攬（抱）」，長大後「愛讀書」、「愛賺錢」、「愛打拚」，結果一生一世都要爲填不滿的「愛」，夜以繼日的去付出，去追尋。

然而，這些「愛」（需要和欲求）就是活著的希望，如果一個人活得沒有欲求，就沒有理想，也就失去了活的意義。宋明道學家要「懲忿窒欲」以求達到聖人的境界，老子要大家「無知無欲，復歸於樸」，事實上是懸了一個很高遠的境界，對凡人而言，是很難達到的，因爲一般人都是隨軀殼起念，想愛什麼就去追求什麼。

以上的客家話「愛」這個詞的表層意義。事實上客語中「愛」除了「要」、「欲求」而外，更有「喜愛」、「情愛」等屬於精神層面的意義，與「欲求」等物質層面的意義有別，譬如「愛上進」、「愛到別人沒辦法」都是表示精神上的喜愛或情感上的愛。可見客家話的「愛」字包容了物質和精神兩個層面的意義，這是客家文化很特別的地方。

## 精神又物質的二元形上論

我們不妨看看英文want或like或love都分得很清楚，國語「要、愛、欲求、喜愛」都有層次的不同，福佬話也是「愛、要」分別很大，但客家都用同一個「愛」字來涵蓋。這種現象，透露出客家人對生命本體的看法，是既精神又物質的二元形上論，也就是說既重視形而上的道，也不忽視形而下的器，如用理學家說法，就是既重「天地之性」也重「氣質之性」，既重稟賦本質也重環境塑造。無怪乎客家人喜歡住在丘陵山區，想當個山林中的智者，既關懷現實，又不參與現實，自以爲是個清高的旁觀者。這種性格，從好的方面說是「邦有道則仕，邦無道則隱」的君子風範，從不好方面說是「牆頭草，兩面倒」的投機心理，縱使有人說這是「進可攻退可守」的權變原則，但我總覺得不夠坦率。不如想「愛」就堂堂正正的愛，不必擔心是否兼顧了精神和物質的問題，免得住在窮鄉僻壤，一面唱山歌，一面烤蕃薯，又一面縱論天下大事。

## 「識」的二層意義

除此而外，客家話的「識」這個字，也有兩層意義，一個是動詞表示「認識」，一個副詞表示「曾經」。譬如：「唔識字」、「當早就識」，都是「認識」的意思，靠天生的視覺記憶等能力所做的理性判斷和說明。又如「我識去過台中」、「你識坐飛航機」，都是「曾經」的意思，是一種經驗的說明。可見客家話的「識」一方面利用「經驗」，一方面利用「理性」，他們的認知過程是以「經驗」爲依據，再用「理性」去判斷推理，是很理智也很融合的做法。人類智慧發展都是先由神學再經玄學然後到科學，神學時代全憑信仰和臆斷，玄學時代就用理性推斷，科學時代則採取實物驗證，因此，除了臆斷以外，理性和經驗是兩個絕不可少的認知途徑，從客家話「識」所包涵的「認識」和「曾經」兩層意義來看，正是「理性」和「經驗」兩種認知和方法，是知識論中頗爲持平的做法。

## 理性與經驗的持平

哲學一詞，英文是philosophy而原字起源於希臘的philein（愛、欲求）和sophia（智慧），後代學者譯爲「愛智之學」。其中「愛、欲求」正是客家話的「愛」，「智慧」正是客家話的「識」，所以「愛」與「識」就是客家人的哲學。西方哲學認識論所探討的就是邏輯問題，也就是要以日常經驗所得的概念，通過理性判斷推理以求得新知的學問。從這個立場出發，客家話的「識」，已包含了先天的理性和後天的經驗，而客家話的「愛」則包含了物質的欲求，也包含了精神的理念。總之，從客家話「愛」和「識」這兩個有歧義（Ambiguous）的詞彙裏，可以體會到，客家文化裏有一種頗爲持平性、包容性的生命哲學與認知方法。或許這種深層文化特質正是客家人強韌硬頸的原動力，

●傳統的客家研究，大都僅限於風土民情。

因爲心物合一的本體形上論可以用一個「愛」字去包涵，而理性與經驗並重的認識論，又可以用一個「識」字去包涵，而本體論與認識論是哲學上最重要的兩個課題。

## 探討客家文化的深層結構

對客家文化的研究，我們大家都從表層結構或表層現象分析較多，本文是希望借用「愛」與「識」兩個詞所涉及的觀念，探討客家文化的深層結構和深層的本質，字裏行間有缺少周密的地方，還請讀者原諒，筆者只希望從另一個特殊的角度，引起大家對客家文化的關心，打破以前只記錄一些風俗民情、語言歌謠的局限，讓客家文化研究有更廣大的空間。

——原載一九八八年九月《客家風雲》第十一期

**作者簡介**：

羅肇錦／台灣苗栗人，一九四九年生，師大國文研究所博士。目前執教台北師範學院，著有《台灣的客家話》書籍等多冊。

# 拋開舊文化包袱的客家人

■劉還月

屬於移民社會的台灣，自古以來便有「省籍情結」的問題存在，清、日兩代的問題雖然不若現代的複雜而嚴重，但長期以來的「治時閩欺粵，亂時粵侮閩」（林棲鳳等《台灣采訪冊》），讓台灣的福佬人和客家人一直都各自形成族群集團，其中客家人又因人少力單，過去的歷史上卻又有不能忘懷的輝煌成就，久而久之，客家人遂沉緬在過往的光輝中，甚至迷失自己的定位。

長久以來，台灣的客家人在經濟、政治以至於人口資源不及福佬人的情況下，卻又走不出「弱勢民族」的陰影，因而出現了許多自慰性的阿Q做法，讓大家一再沉醉在那些過往的光輝中而不必（也不敢）去面對現實；我們在許多客家人的場合中，總可見到客家人大談「五湖四海皆客家」，大肆強調李登輝、李光耀、鄧小平……等「傑出」人物都屬客籍……都是具體而典型的例子。

客家人在客家團體中，喜歡強調本族人口衆多，移民遍佈世界各地，然而到了福佬人的世界，卻不敢說一句客家話，說明了這個族群虛胖體質下，面對自己卻是極度的自卑與缺乏信心；同樣的，客家人總是念念不忘自唐宋以降的「偉人」（比他族更嚴重百倍），甚至還以擁有純正的中原民族血統爲自豪，但每每和他族人士競爭時，卻有不少客家人極度掩飾自己眞實身份，深怕別人因爲知道自己眞正的身份是客家人而瞧不起自己，這種行爲證明了所謂的「血統說」是完全經不起考驗的。再者，人的價值在於有智慧、有思想，絕對不在於血統是否純正，話說回來，一個不讀書，沒知識的純客家人，也只能做一些勞動性的工作，但若是一個混血的博士，卻可能做一個某種學問的專家，或者當一個大學教授，改變人類的命運……這一切更印證了客家人的「中原血統優越感」，只是把人降格，當作寵物看待罷了！

在客家人的肩上，其實還有許多傳統的舊包袱，諸如「勤儉耐勞、刻苦堅毅、保守念舊、敬重文明……」，這種種的特質，在舊社會中一直都被認爲是客家人最大的美德，事實上，這種種特性委實也在過往的年歲中，陪伴着無數的客家鄉親渡過艱困的環境；只是到了今天，現實的環境已有非常大的改變，多數的客家人已逐漸脫離貧窮，邁向小康或者是富裕之路，在此種情況下，許多客家人舊有的特質也漸漸消失，但奇怪的是，客家人卻從來不承認這種改變，仍一味地沉浸在舊時的「美德」中，甚至成爲包袱而不願意拋開。

這種種日積月累下來的問題，使得台灣的客家民族漸漸地丟失了他的開創性，客家人的精神也早消逝無踪，甚至連凝聚的力量也不知道到那裡去了，即使偶而還能發出一、兩聲嘶吼，卻很快地就沉寂下來，然後又是長久的沉默與自怨自艾……而這每一點，幾乎都是我們太過於耽溺在舊文化中，而帶給我們的沉重包袱啊！

這些年來，儘管在廣大的客家團體中，仍不時可以聽到人們不肯忘情地啃着那些發餿的舊骨頭，但終於也慢慢地有了一些勇於自省而邁步向前的客家人，這些新个客家人，在深刻地面對傳統的客家文化，長期地參與客家人的事務之後，再與當前台灣的政治、社會環境比對，發現客家人的問題往往在於自我的沉溺與封閉，如果這些不能徹底解決，客家人根本沒有辦法以坦然的心胸和態度，與島上的每一民族公平競爭，進而携手共創一個和平、開放而進步的社會。

當然，今天的台灣客家人的包袱，在這島上已經背了兩、三百年之久，且其中大多數在傳統的社會中，都是這個族群光榮的標誌，今天卻扮演完全不同的角色，這麼巨大的改變，對於大多數保守的客家人來說，是很難接受的，但無論如何，讓每一個沈睡中的客家人，重新認知並接受新的觀念與想法，卻是最迫切而有具體意義的。

親愛的客家人啊，就讓我們勇敢地拋開「弱勢族群」的情節，忘掉「刻苦勤儉」的光輝以至於身上所流的「純種」血液吧！今天我們更需要的是積極地開創我們的新空間，敞開我們的胸懷，和其他每一個島上的主人們，共同開發屬於我們的二十一世紀海島文化。

——原載一九九〇年十一月三十日《自立晚報》本土副刊

**作者簡介**：

劉還月／台灣新竹客家人，一九五八年生，第十四屆吳三連獎得主。曾任廣告公司企劃，自立晚報生活版主編，一九八四年起辭職，專業台灣民俗田野調查，一九八七年與林勃仲共同籌設臺原出版社，並擔任總編輯，另兼多齣「公共電視」節目企畫或顧問工作。創作迄今，曾獲得「時報文學獎」等多項文學大獎。著有《台灣土地傳》、《台灣歲時小百科》、《回首看台灣》、《台灣生活日記》、《台灣的布袋戲》等多部作品。

# 客家文化的留與棄

■劉還月

長久以來，客家人在台灣，由於數量少，生存的空間受到頗大的限制，生存的條件也不如福佬人，使得這民族從原本的保守，轉爲封閉，至今甚至逐漸隱化在這個社會中，客家話愈來愈不容易聽到了，客家的風俗習慣也漸漸消失，想要了解這個族群，也就更加的不容易。

客家人長期的顚沛流離，任何時候都必須和生存環境相抗爭，因而養成特別敬畏自然萬物的風俗，認爲天地山河，樹木禽獸都有神，因而乃能維持一種必然的倫理關係，更重要的是，客家人敬奉自然之神，大都懷持著敬畏之心，並不會特別迷信這些神祇，少有向這些自然之神求靈問事的現象。

小時候家裡窮，經常得跟著祖母翻山越嶺去砍材做爲燃料，老人家寧願辛辛苦苦的用長竹竿接上柴刀，砍下大樹上的枯枝，却不肯砍伐地上仍在生長中的幼木，老人家總是說：「小樹現在砍了，就全都完了，不像大樹永遠有砍不完的枯枝。」

長輩們敬畏自然的觀念，另一個令我印象深刻的是：父祖他們絕對禁止我們向河中丟棄物品。小孩時頑皮，經常會對著河灑尿，如果被大人發覺了，總要被狠狠打一頓屁股的，他們的觀念是：河流供給我們飲水、灌溉與洗滌，我們怎能不保持乾淨呢？

在父祖的那個時代，根本沒有任何所謂的環保觀念，而上一輩的客家人不肯砍生的材、不肯污染河川，顯然是他們與這些自然萬物彼此依存生活著，今天砍了一棵小樹，幾年後可能就要沒材燒，一個人在河中灑了一泡尿，全村人可能都要喝到他的尿，這麼現實而明顯的回報，人們自然就得珍惜，維護大自然的每一份資源了。

現代社會由於商業行爲的發達，人們用錢可以換到許多東西，且由於社會型態走向都市化，人們生存的空間愈來愈狹窄和大自然的距離愈來愈遠，根本無從感受到人和自然界的關係，如果是善的對待，當是善的循環，如果是惡的處置，也只有惡的報應，多數人只求自己的方便，根本不曾爲別人考慮過，如此一來，自然的生態環境怎能不被破壞殆盡呢？

過去的客家人，一直都有敬畏自然、關愛自然的舊俗，今天，這種優美的風俗卻隨著時代的改變而日益消失，有些年輕的一代，甚至完全無從體會這些舊俗的深厚隆意，這不僅是客家文化的悲哀，更是所有台灣人的損失啊！

保守性格的客家人，在許多傳統的風俗文化方面，一直都承襲著古風，少有改變，像客家人歌謠、禮俗……等等，依舊維持百年前的舊貌，實已成爲一種保守之害，客家人卻不肯大步改革邁進，反之，敬文明、畏自然的舊習，應是這個時代最珍貴的精神，在客家人的身上，卻已不易見到，這留與棄之間，實值得我們深思、檢討啊！

——原載一九九一年五月廿二日《自立晚報》本土副刊

# 有實力，才有一切

■劉還月

一群熱情的大學生邀我到校園裡演講，題目是：客家文化的問題與危機。

學生們選擇這個題目，當然因爲我是客家人，又長期從事文化工作，近兩年更和一些朋友們提出「新个客家人」這個理念與呼籲，學生們自然希望藉着這個機會，認識與體會爲什麼要做一個「新个客家人」。

嚴格說來，「新个客家人」雖然是一個全新的理念與呼籲，不是什麼驚人駭世的言論，主要的目的乃因過去的客家人，由於移墾、分佈以及人口勢力……等因素，一直深溺在一種悲

●客家人勇敢地站出來，明天才有希望。(劉還月／攝影)

觀、緬懷過去光輝、故步自封、無法進步的困境中，更嚴重的是雖然台灣的客家人沉陷在這種可怕的危機中，卻因自艾自憐的「弱勢族群」情結作祟，非但沒有人倡議自省與改革，甚至連意識到這種危機的人都少之又少，大部份的客家鄉親，似乎只要追溯一下文天祥、洪秀全，便足以陶醉自得，只要舉一舉鄧小平、李光耀以至於李登輝都是客家人的例子，便有十足面子似的……，因而，在台灣雖然已經待了二、三百年，卻仍一心追憶中國原鄉的陳年往事，幾百年前為爭墾權而生的「閩客械鬥」，傷痕雖早已填平，卻永遠無法放下心來和福佬人公平競爭，只是一心想聯合中國的客家人，讓人口及勢力重佔優勢……

這些當然都是不切實際的烏托邦，然而客家人的悲哀卻是連它是個烏托邦都無法認清，因而我認為，台灣的客家人如果想眞正開拓出屬於自己的一片天，唯有立刻走出「弱勢族群」的意識中，抛開聖哲先賢的「庇蔭」，放棄「華原正統」的血統論說，眞正敞開心胸，和這島上的各不同種族的住民，携手共創出眞正屬於這塊土地的光輝與繁景。

談到這裡，有一位學生迫不及待的問我：如果大家努力出了成果，卻又被福佬人佔了去，那又該怎麼辦呢？

我反問他：你曾經努力過了嗎？

他答：還沒有。

我笑著說：這個問題豈不又回到原本客家人的問題上，因為客家人較少，就自認定是弱勢族群，就預想一定會被福佬人欺負，結果什麼都不做，怎麼可能會有任何成果呢？

這個問題何嘗又不反映在許多人身上，永遠去預設一些結果，只會見自己更保守、更退步，更會讓人看不起，遭人欺負，因此，我們今天該做的，不是怕有了成果之後怎麼辦？而是要如何努力，才會有成果。

等眞正掌握了實力，你還有什麼懼怕的呢？

——原載一九九一年五月卅日《自立晚報》本土副刊

# 台灣客家公共事務協會成立宣言

史冊上曾經輝煌光耀的我們客族，曾幾何時成了弱勢的族群，或曰「隱藏的一群」，或曰「冷漠退縮」，譏誚詆毀，無所不至。而目睹客家語言之瀕臨流失，客家尊嚴之幾近潰散，能不懍懍於懷而瞿然心驚？

新个客家人之出現，此其時矣！我們雖未敢以此自許，然而我們確不願徒然陶醉於過去創造歷史的萬丈光芒中，更不願自滿於以往英才輩出並管領風騷，我們所深信不疑者，厥爲客家潛力至今猶存。在此世局詭譎、社會擾攘、新的人文景觀亟待建立之際，我們願意爲尋回我們的尊嚴，再創我們的光輝而努力，更願意與其他族群，不論福佬、各省抑原住民各族攜手同心，爲我們大家的光明未來而戮力以赴！

# 客家話與客家精神

## ——台灣客家公共事務協會成立講詞

■鍾肇政

各位貴賓、各位鄉親、各位朋友大家好！

今天本會成立，承蒙各位百忙中光臨，本人謹代表全體會員，向各位表達最深切的感謝之意。

本會的成立，可以說是偶然的機緣，也可以說是一點也不偶然。今年六、七月間，由於在美鄉親及同鄉會的好意，由島內組成一個小型的客家文化訪問團，接受邀請到美國各地去訪問，並參加各種台灣同鄉的大小集會，跑遍了十幾個大小城市，歷時一個多月。這中間與衆多的鄉親接觸、交談，大家都覺得實有成立一個新的客家人社團的必要。回來以後我們就積極推動這個構想，加上八月間爲參加北美洲台灣人教授協會年會回來的熱心鄉親，例如徐福棟博士、劉永斌博士，也從旁鼓勵，因此從八月份起成立籌備會，也推選出執行小組，前後開過籌備會和執行小組會共達八、九次之多，最後才選定今天（一九九〇、十二、二），舉行成立大會及成立酒會。

然則成立本會的目的何在?本會究竟想做什麼?這一點，本會宗旨、大會宣言都已經講得明明白白，簡單來講，就係站在台灣人的立場，來爭取客家人的權益，尋回客家人的尊嚴，爲台灣的光明前途來打拼。

當然，這是本會的基本目標，也可以說是最後目標。根據本人的領略，本會當前階段性的目標，第一件事就是尋回客家人的尊嚴。客家人的尊嚴在哪兒，我個人認爲可以分爲兩方面來談。第一就是保存客家話，第二就是發揚客家精神。

先說保存客家話的問題。大家都知道，近年以來台灣社會掀起了還我母語運動。福佬鄉親，要爭回他們的福佬話，原住民鄉親，也要爭回他們泰耶魯話、阿美話、布農話等等。客家人當然也一樣，因爲沒有福佬話，就沒有福佬人，沒有泰耶魯話，就沒有泰耶魯人，沒有客家話，還有客家人嗎？

我還記得日本時代，日本人也努力做了五十年間的「國語常用運動」，推行了五十年間，才有所謂之「國語家庭」，門上釘個牌子寫「國語家庭」，有一些配給優待，例如一般家庭配給的糖是烏糖，「國語家庭」配白糖，可是日本人努力了五十年間，一百個家庭中「國語家庭」大概最多也不過一兩家兩三家。現在呢？才四十幾年，而且在十年前或者更久以前，一般家庭差不多都在講北京話了。福佬話也好，原住民話也好，還有我們的客家話，都成了下等劣等的語言，阿公阿婆和孫子孫女話都講不通了！

我要再說一遍，沒有客家話，就沒有客家人。爲什麼今天會變成這樣？主要是因爲政府的語言政策，明明是要消滅台灣人的母語，包括福佬話，原住民話、客家話。還有傳播媒體的電視、收音機，一天到晚都在響，都是北京語外加很少的福佬話。客家話呢？原住民話呢？聽不到就是聽不到！

各位來賓，各位鄉親，福佬鄉親常常說，福佬話是最優雅、最優美的話。我相信，原住民鄉親認爲，原住民話也是最優美的，北京人也認爲北京話最美。同樣，我認爲客家話也是最優美的。不信，我讀一首唐詩：「晴川歷歷漢陽樹，芳草萋萋鸚鵡洲，日暮鄉關何處是，煙波江上使人愁」。根據語言學者的研究，客家話是唐朝發展出來的，難怪用客家話吟唐詩會這麼旋律調和，這麼好聽。

客家話是這麼優美，我相信其他的台灣話，不論是福佬也好，原住民各族的話也好，無一不是優美的語言，都是各語族的寶，我們大家都有責任來保存，來發揚，建立一個不但是政治、社會、經濟、文化的多元社會，同時也建立語言的多元社會。

其次，我要談談客家人的精神。我們客家人在歷史上曾經非常輝煌過，好比清朝打到中原以後，反抗到最後還不屈服的是客家人，所以施琅才禁止客家人到台灣來，因為來到台灣以後，清朝再想派兵來打，便沒那麼容易了。還有洪秀全和那些太平天國的領導人，差一點就把滿清人打垮，他們都是客家人。最後，將清朝打倒的，又是客家人，就是孫文。以上是歷史的事跡，我們再看看當今天下，大陸的鄧小平，新加坡的李光耀，台灣的李登輝，都是客家人，所以說當今全世界上漢人的國家握大權的，都是客家人。每有鄉親提到這些，不但是津津樂道，還認為這是客家人最大的光榮，最大的驕傲。

但是，各位鄉親，這些雖然是事實，不過喜歡說這種話的人，認為這就是客家人的光輝，是客家人的驕傲的人，是否未認清時代呢？是否只是自我安慰呢？生活在過去的光榮，這是落伍者，是自卑者，自我墮落者，對改善客家地位，提昇客家尊嚴，可說並沒有多少的效果。我不反對一個客家人，心中有洪秀全、孫文、鄧小平、李光耀或者李登輝，但更重要的，不是把這些人掛在嘴邊，洋洋自得，更重要的，就是你在別種語族的人前，是否抬起頭說你的客家話？是否在家裡把自己的母語傳給下一代？還有，我們的客家運動就要展開了，你是否願意分出一些時間、精神、力量、金錢、來參與，來贊助，來推動，盡你做為一名客家人的本份？

我相信，如果你能點頭說願意，並且眞的去實行，那你就是一個堂堂正正的現代客家人。也就是新个客家人。好久以來，客家人被認為畏縮的一群，自卑的一群，懦弱的一群。我相信新个客家人多起來以後，客家人必定能發揮潛力，爲全體客家人，爲全體台灣人來貢獻我們的力量。

各位鄉親，我以上所講，都是平平凡凡的話，不出老生常談，並且偏重文化的層面。事實上，本會同仁所願意關心的，層面更廣更厚。我們目前還不敢說有多少力量，但是在這世局、社會面貌時時刻刻都在變的這個時代，也是危機四伏的這個時代，我們願意盡我們的棉力，和其他族群，不論先到後到的福佬鄉親、各省鄉親或者原住民各族鄉親，共同誠心合作，爲台灣的民主前途來奮鬥！來打拚！

——一九九〇年十二月一日　台大校友會館

# 新个客家人

■鍾肇政

莫再過講頭擺　客家人怎般偉大
莫再過唸頭擺　客家人怎般優秀
偲大家就係新个客家人

寫不完个苦難和艱辛
長山過海來台灣
流不盡个目汁和鮮血
開山打林立根基
　偲大家就係新个客家人
莫嫌這塊土地凭細　偲个命脈就在這
莫嫌這塊土地凭瘦　偲个希望就在這
　偲大家就係新个客家人
用偲个硬頸爭自由　再造客家精神
用偲个熱血爭民主　再創客家光輝
　偲大家就係新个客家人

Keh

# 《新个客家人》

中速
開朗略帶悲壯

1990.11.28

(台灣)鍾肇政(客家詞)
(北京)高爾棣( 曲 )

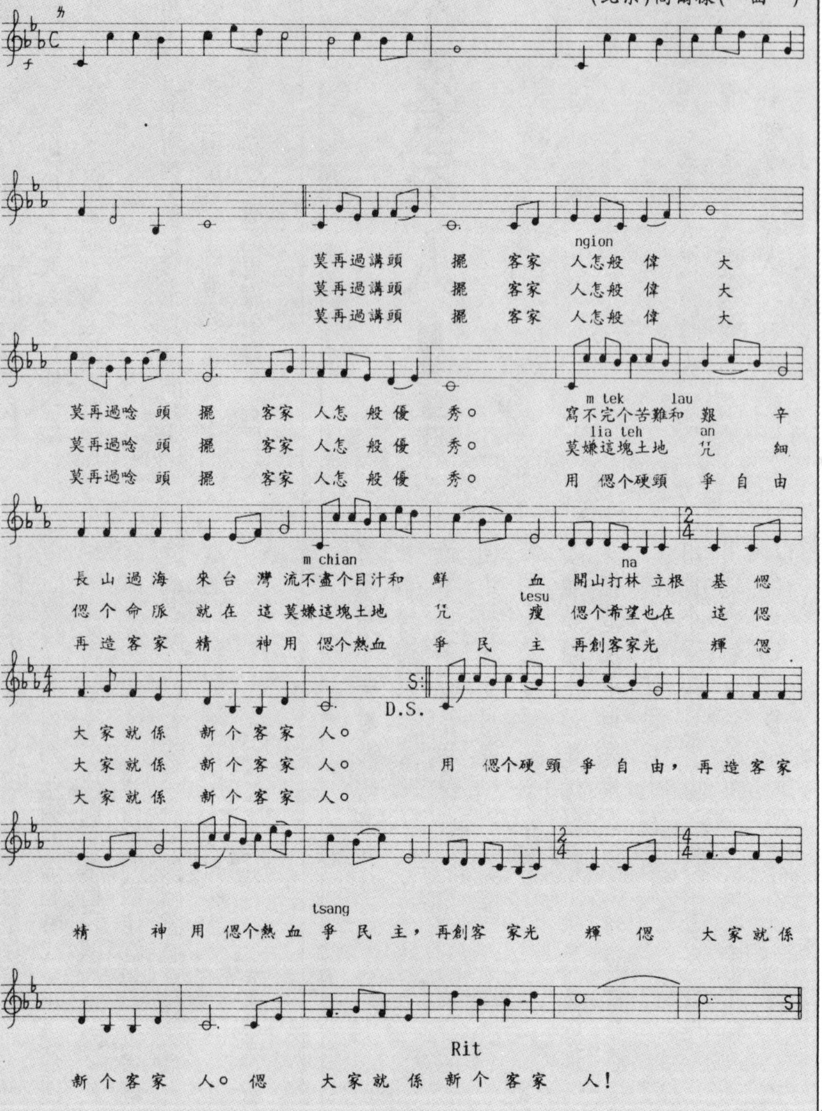

# 2/客家族群

# 客家族群來源之探討

■陳運棟

客家人本是中原漢族。這一支漢民族裡的族群，一般都認爲其祖先大都是中原的世家大族，文化水準頗高，遷徙到南方後，反主爲客，其語言風俗習慣，猶有中原遺風；其守禮節、重道義、好學問，講倫理，也都充分表現出漢民族的氣質。由於迭經離亂，更養成其堅忍卓絕、獨立奮鬥的精神。對整個華南地區經濟文化的繁榮以及對外發展，都發生極大的影響，這一族群也已形成了自己獨特的文化傳統和社會區域。時至今日，這漢民族的一支人口衆多（據估計總數當在四千五百萬左右），分布甚廣（據推估中國有九省一百八十四縣分布有客家人，再加上海外的客家籍華僑）的特殊族群，由於歷史的、自然的和社會的各種因素的影響，中國的客家住地多數成爲發展緩慢，相對貧困落後的地區；而在台灣的客家人，則以人口較少而成爲少數族群，往往形成負面認同感。因此，近年來積極從事振興客家地區經濟文化的各種運動，紛紛出現。這種客家意識的抬頭，使得客家問題的探討更爲突出而熱烈。

## 一、漢人南遷形成客家族群

客家先民原自中原遷居南方，然後又再度流徙各地，總計大遷徙有五次，其他零星的遷入或自各地以服官或經商而遷至的，都無法作詳細的推計。這些客家先民大部分居住在黃河流域以南、長江流域以北、淮水流域以西、漢水流域以東的所謂中原地區，幾次大遷徙的情況如下：

**第一次**：自東晉，受五胡亂華影響，由中原遷至鄂、豫南部，到達皖、贛，沿長江南北岸一直到贛江上下游。

**第二次**：自唐末受黃巢事變影響，由皖、豫、鄂、贛等第一次大遷徙後的舊居，再遷至皖南，及贛之東南，閩之西南，以至粵之東北邊界。

**第三次**：自宋高宗南渡，受金人南下、元人入主的影響，客家先民之一部分，由第二次大遷徙後的舊居，分遷至粵之東部北部。

**第四次**：自明末清初，受滿族南下及入主的影響，客家先民的一部分，由第二次、第三次大遷徙後的舊居，分遷至粵之中部及濱海地區，與川、桂、湘及台灣，且有一小部分更遷至貴州南邊及西康之會理。

**第五次**：自同治年間，受廣東西路事件，及太平天國事件的影響，客家一部分人民，分遷於廣東南路與海南島等地。

綜觀以上五次大遷徙，客家先民遷移的動機，或由於外患，或由於饑荒，或由於盜匪，或由於兵燹，或由於政府獎掖召募與安插，或由於外地經濟的引誘；正由於遷移的原因不同，就道以後所受的苦痛，也就各有不同。大致上基於外患或盜匪爲遷移原因的，在途中所受的痛苦也最多，而用來促發他們自然淘汰與選擇的作用也最大。這也是客家研究的泰斗——羅香林先生所一再強調的，客家族群所以會成爲漢民族裡頭優秀族群的一個主要原因。

前三次的大遷徙是客家族群形成的重要社會歷史因素。因爲客家先民南遷後，定居在閉塞的山地，一方面保存了他們固有的傳統，另一方面又由於自然條件的限制，不容易受外來的影響，而客家人強烈的宗族觀念和保守思想，也增強了他們對外來影響的抵抗；客家住地不但形成了他們自己特殊的社會生活區域，保存了他們固有的文化禮俗，而且在語言上也形成了獨立的系統。後兩期的遷徙使客家分布的範圍大大擴展，形成了今天全國各地的「客家方言島」分布情勢。

## 二、客家話與客家人的分布

所謂「客家」，是對「土著」而言，「先入爲主，後來爲客」。「客」或「客家」的稱呼，一般都認爲始自宋代。宋、明人的著作中，多少透露了從中原南來定居閩粵贛的「客系」，他們使用的語言近於漢音，而與南方原有的人民語言不同。清末客家大詩人黃公度曾對客家話作過有趣的考證。他說：「此客人者，來自河、洛，由閩入粵。傳世三十，歷年七百，而守其語言不少變。有『方言』『爾雅』之字，訓詁家失其意義，而客人猶識古義者；有沈約、劉淵之韻，詞章家誤其音，而客人猶存古音者。乃至市井詬誶之聲，兒女噢咻之語，考其由來，無不可筆之於書。余聞之陳蘭甫先生，謂客人語言，證之周德清『中原音韻』，無不合。」這段話充分說明了客家方言與中原語音之間的關係非常密切。

根據有關研究，今天贛南客話和閩西客話，大概在第二次客家南遷的時期就已基本形成了；今天閩西一帶的客話，估計就是第二次南遷時從江西南部經過寧都、于都一帶傳入寧化，再陸續傳到汀江流域，以至閩、粵邊界地區的。廣東東北部今天客家聚居的大片地區，雖然有的遠自五代以前就來了，但畢竟還是少數，就是第二次大遷徙的唐末宋初，到廣東的客人也還很少，客家眞正大規模的湧入粵東北，大約還是在第三次南遷時從閩西、贛南再度南移的結果。可以說，廣東客家大都是在宋末到明初之間才繼續興旺起來的。至於遠至台灣、廣西、四川、湖南等省散居在其他方言中的「客家方言島」，則是明清之際的事，也就是後兩期的大遷徙所促成的。

今天客家族群的足跡散布在長江以南許多地方，其中主要的基地是廣東東北部、江西南部和福建的西部、北部。閩、粵、贛邊區一帶是客家最集中的地區。此外，廣西南部和湖南、四川都有客家方言島。在台灣，客家方言也是漢族居民主要的交際語言之一。台灣客家人的分布，據民國四十五年台閩地區第一次戶口普查的結果顯示：客家人有一百二十二萬七千餘人，約佔百分之十五強。在當時全省二十一縣市一管理局當中，福佬系人口佔多數的高達十九省市一管理局之多，只有苗栗（佔六十八％）及新竹（佔九十五％）兩縣的客家系人口佔多數；桃園縣則客家系人口佔四十八％，為閩、粵籍人口平分秋色的縣份；花蓮縣客家人約佔四成以上；台東及屏東兩縣客家人各佔該縣人口四分之一強；客家人口在台中（佔十九％）、南投（佔十四％）及高雄（佔十三％）等三縣佔有一成以上的比例，也不算少。但在開發最早的澎湖縣及台南縣市三地區的客家人口總共不過五千七百十九人，眞是微小的幾乎不成比例。綜合起來看，來自粵東及福建汀州府屬的台灣客家人，以分布於桃園、中壢至台中東勢間的丘陵地及山谷間的人數最多，屏東平原東側倚山之地次之，約為前者的四分之一。在東部縱谷地帶的花蓮、台東，也有不少客家人聚居其間，但他們大多數是在後期由西部「客庄」遷移過去的，很少從中國原鄉直接遷入該地。三十多年來，這種分布情形應該有所變動才是，然而時至今日，還沒有見到有關這方面的調查報告。台視「鄉親鄉情」節目製作群跑遍全台各地客家聚落，已掌握了部份變遷的資料，但整體的分析則還有待時日。

## 三、「主戶」「客戶」與客家人

另外一項在探討客家族群來源時常被提及的是：客家稱謂是否來自「客戶」的問題。羅香林先生認為南齊的「給客制度」中的「主戶」就是土著，而所謂的「客戶」就是客家。而被引為證據的是在《太平寰宇記》與《元豐九域志》兩本書所載梅州主、客戶的戶口變動情形。「太平」指宋初雍熙年間（九八四—九八七），「元豐」指北宋中葉熙寧年間（一〇六八—一

●苗栗，新竹兩縣的客家系人口佔多數。

○七七），二者相距九十年左右。九十年間梅州戶口，主戶由一千二百一增加爲五千八百二十四；客戶則由三百六十七增加爲六千五百四十八。溫仲和先生在《嘉應州志》就依據此一數據而認定「不及百年而客戶頓增數倍，而較之於主，且浮出十之一二矣。……其後雖屢遭喪亂，主愈強，至元初大抵無慮皆客，《元史》所載，亦不分主客，疑其時客家之名已成無主之非客矣。」最近，中國學者劉麗川、張衡東兩位先生就曾經撰文指出：「羅、溫二位都把主客之分與土客之別混爲一談，這就犯了一個知識性的錯誤。」他們認爲：由魏晉至唐宋，所謂「客戶」在戶籍管理上總是指無地或少地的流亡佃農。這種客戶各朝都有，且流布全國。他們中的一部分，隨中原衣冠士族南渡，號爲「流人」，與號爲「衣冠南渡」的仕宦人家，截然不混。這些「流人」多數淪爲依附士族地主的「客戶」（即佃農），而南渡之「衣冠」，他們在北方時爲主戶，到了南方僑居地，因爲有錢有勢，多馬上「置產安家樂業焉」，繼續是官僚地主,即仍爲主戶——成爲客家,但非「客戶」。也就是說,中原的主戶（士族）與客戶（流人）同時南遷,他們的政治、經濟地位一仍其舊,階級關係沒有根本變化,主戶仍是主戶,客戶仍是客戶。他們引作證據的仍然是前述的兩本書所載戶口數據,只不過是把梅州、韶州、南雄、英州等客家住地的主客戶合計來看。主戶由二萬三千一百二十八,增加爲七萬八千八百七十七;客戶則由二千五百三十八,增加爲一萬三千四百六十七。被認作客家來源的「客戶」,九十年間,是增加了一萬零九百二十九戶,但是被認作是「土著」的「主戶」也增加了五萬五千七百四十九戶,其絕對增長值竟是客戶增長值的五倍多。這種現象所顯示的意義,如何與羅香林先生所說:「新種一入,舊種日衰,主戶的言語日爲客語所排驅,主戶的苗裔亦漸漸爲客家所同化」(《客家研究導論》)的結論相容納?如果把超常漲出的主、客戶理解爲大量南徙而定居的北方士民,士族多成爲新主戶,流民多成爲新客戶,這種矛盾便迎刃而解,獲得合理的解釋。因此,他們的結論是:「從客家住地各方志所載其地戶口,宋代主、客戶數量同時倍增這一史實觀察,不僅可以更有力地推知客家先民的遷移運動,在五代或宋初是一種極顯著的事象。而且能進而獲得一個新的認識:從主戶的增長高於客戶增長的五倍這一史實,可以進一步推知,客家先民是以中原士族爲主體的,這更是一種極其顯著,意義重大的事象。」這一結論將對客家源流的探討及客家文化的詮釋帶來新的啓示與研究趨向。

——原載一九九〇年一月一日《文訊月刊》

**作者簡介**:

陳運棟/號又龍,一九三三年八月廿三日出生於苗栗縣頭份鎮蟠桃里向書院,一九五二年畢業於新竹師範,一九五五年高等考試教育行政人員及格,一九八五年畢業於文化大學民華所,獲法學碩士學位。歷任小、中、大學教師四十年,現任大成高級中學校長,文化大學政治系兼任講師。著有《台灣的客家禮俗》、《台灣的客家人》、《台灣人物叢譚》等書。

# 台北城的客家村

■林一雄

台北市的客家人，其中大部份當初由中國移徙台灣桃、竹、苗與高屏地區拓墾定居後，再由該地前來台北闖天下時，為時已晚，只有往郊區發展，台北市現在仍留有清朝時所建防禦原住民的城門，如東門、南門、北門、和小南門，西門在日領初時被拆除，這些城門以內範圍稱為「城內」，如今日仍繁華的西門町、榮町（衡陽路）行政區屬城中區，大稻埕、太平町（延平北路一段）屬延平區，到現在的總統府，各級法院，中山堂、西門町等都在「城內」地區，其他地區為「城外」，所以——城門是台北市客家人聚落的分界線。

## 好地方福佬人佔據

客家人初來台北時大都在「城外」，大致分佈在一、松山區虎林街五分埔，二、古亭區青年公園克難街南昌街，三、大安區三張犁通化街，四、中山區合江街五常街等地區耕田種菜。你現在在通化市場或合江市場，可以使用客家話買到便宜的菜，或在青年公園聽到悅耳的客家山歌，所以台北市四十萬的客家人，人口分佈仍依上述次序排列，近來內湖郊區宛如初墾時一般，客家人口有增多趨勢。客家人對各種環境最能適應，人人說客家人有語言的才能，筆者以爲是環境所逼的，因爲在陌生環境裡，爲了謀生，客家人只有捨客家話而說強勢的北京話或福佬話，慢慢地因爲任職公私機構或經商，「城內」區也有了不少的客家人，但所分佈的人口仍遠遜於「城外」地區。

## 成立第一個客家團體

一九四八年台灣的社會，經過了近一年二二八事變的激盪，物價波動、人心不安，在一個寒冷的凌晨，天未亮，這一天正是農曆正月初九天公生日，一群客家會的發起人，何禮謙先生（竹東人前省議員何禮棟先生弟，均已過逝）林榮春先生（竹東二重埔人，當時任丘念台私人秘書，已過逝）周東郎先生（楊梅人業代書，現年八十三歲退休），吳阿源先生（新埔人吳濁流先生堂弟，現旅居加拿大溫哥華）等在第九水門附近，港町派出所（現爲西寧北路派出所）旁，新竹寶山大壢人陳政奎先生（已過逝）所開茶工廠內，宰豬祭拜天公和先祖，共推何禮謙先生爲首任會長（幹事長），於是台北市的客家團體首次成立，對外稱爲「台北市中原聯誼會」，沒有冠上「客家」兩字，以當時社會環境必有某些原因，說來眞是令人感到辛酸。一九四九年十二月十五日國民政府遷台，吳國楨繼陳誠任台灣省主席任命蔣渭川爲民政廳長，彭德爲建設廳長，但受到中國歸來台籍士紳，黃朝琴、劉啓光、游彌堅、林頂立等的排擠，不久就下台，一群熱心客家人劉盛才、張芳燮、張信標、溫錦堂、陳展淇，吳濁流及原發起人等乃共同推舉僅僅就職一個多月甫下台的彭德（苗栗人）就任第二任會長，至一九五二年第三任會長爲翁鈐先生（龍潭人），正式登記爲台北市中原客家聯誼會，冠上「客家」兩字，翁先生爲人和藹可親，在台北客家會史上爲任職最久的人。

## 出資買下現在會址

一九七一年徐傍興醫學博士等一百多人集資

成立中原建業公司，曾坤燈先生為董事長，林榮春先生為總經理，向林阿旺先生購置（現今南昌路一一四號會址）大廈一層借供客家會作為辦公處所，於是客家會纔有固定辦公的場所，一九七三年客屬懇親大會在台召開，參加者海內外二千多人，這是有史以來在台北第一次最大的客家人集會，次年成立世界客屬總會，名譽會長為薛岳，余俊賢、黃國書、張發奎、理事長翁鈐，監事長魏崇良，秘書長藍蕚州、副秘書長潘衍興和駐會副秘書長謝又生，一九七四年十一月因病辭並推薦林榮春繼任駐會副秘書長，林先生為人忠誠熱心，親和力強，甚孚衆望，為翁鈐最得力助手，當時的客家會呈現著祥和與團結，一九七九年二月林榮春病逝，駐會副秘書長由郭春林（關西人）繼任，原是聯誼性質的團體引起各方注意，此後客家會乃風起雲湧，一九七九年底中原客家聯誼會的選舉，翁鈐馬失前蹄，由陳盛林先生（桃園新屋鄉人，競選過立法委員）繼任，但翁鈐仍任世客理事長，中原擴大招募會員，會務有進展。但一九八〇年中央民意代表選舉時，有些幹事利用客家會名義發函支持不同的候選人，當時不是客家人的候選人也說他是客家人或半個客家人來爭取選票，這不無遺憾，但也不能歸咎於「中原」，因為台北市到現在都沒有出現過一個客家人的中央民意代表，客家會應是中性的團體，超越黨派，絕不可淪為政治或個人的工具。這樣纔有永久性，緬懷過去開創之艱難，現在台北市的客家社團如雨後春筍成立了不少，如六堆旅北同鄉會（會長徐旦鄰，總幹事張錦輝，大專李智期）和美濃旅北同鄉會，非純客有新竹旅北同鄉會（會長陳石山）屏東旅北同鄉會（會長吳文華）高雄旅北同鄉會（會長黃健一，總幹事陳子欽）和苗栗旅北同鄉會（會長吳玉盛）等，這些團體都發揮了敦親睦族的功能。

——原載一九八八年三月《客家風雲》雜誌

**作者簡介**：

林一雄／竹東鎮人，東吳大學法律系畢業，曾任金華國中英語教師，FAPA台灣總會執行長，民進黨創黨發起連署人，現任公民投票促進會台北市分會秘書長，台灣客家公共事務協會秘書長。

# 六堆的開拓與歷史

■鍾孝上

根據文獻上記載，六堆客家祖先在清朝領台三、四年後的康熙二十六、七年（一六八七、八八年）間，就已經來到台灣了。

## 六堆地區的開拓

當時正厲行著「移民三禁」，而且官方規定的航路只有廈門——鹿耳門（台南）間的一條，所以福建省汀州府一帶的客家祖先很可能是正式申請來台的，但廣東嘉應州的移民多半偷渡來台。他們最先當然落脚於台南，但當時的台南已由福佬祖先開發得差不多了，所以客家移民只好在台南東門外種菜維生。不久大約在康熙三十年（一六九一年），發現南部（屏東）從下淡水溪（今高屏溪）東岸至大武山脈西麓，廣袤八九十里未經開墾的肥沃平原，才一同相率遷移該地協力開墾。

鍾壬壽先賢在他的大作《六堆客家鄉土誌》裏提出了另外一說。鍾老先生說：「我們的祖先是清朝派來台灣的軍人，退役後到萬丹濫庄（今四維村）開墾。濫庄有一條河流，祖先們就沿這條河流北上而發現現在的竹田及內埔，又發現現在的萬巒，不久又發現現在的麟洛、

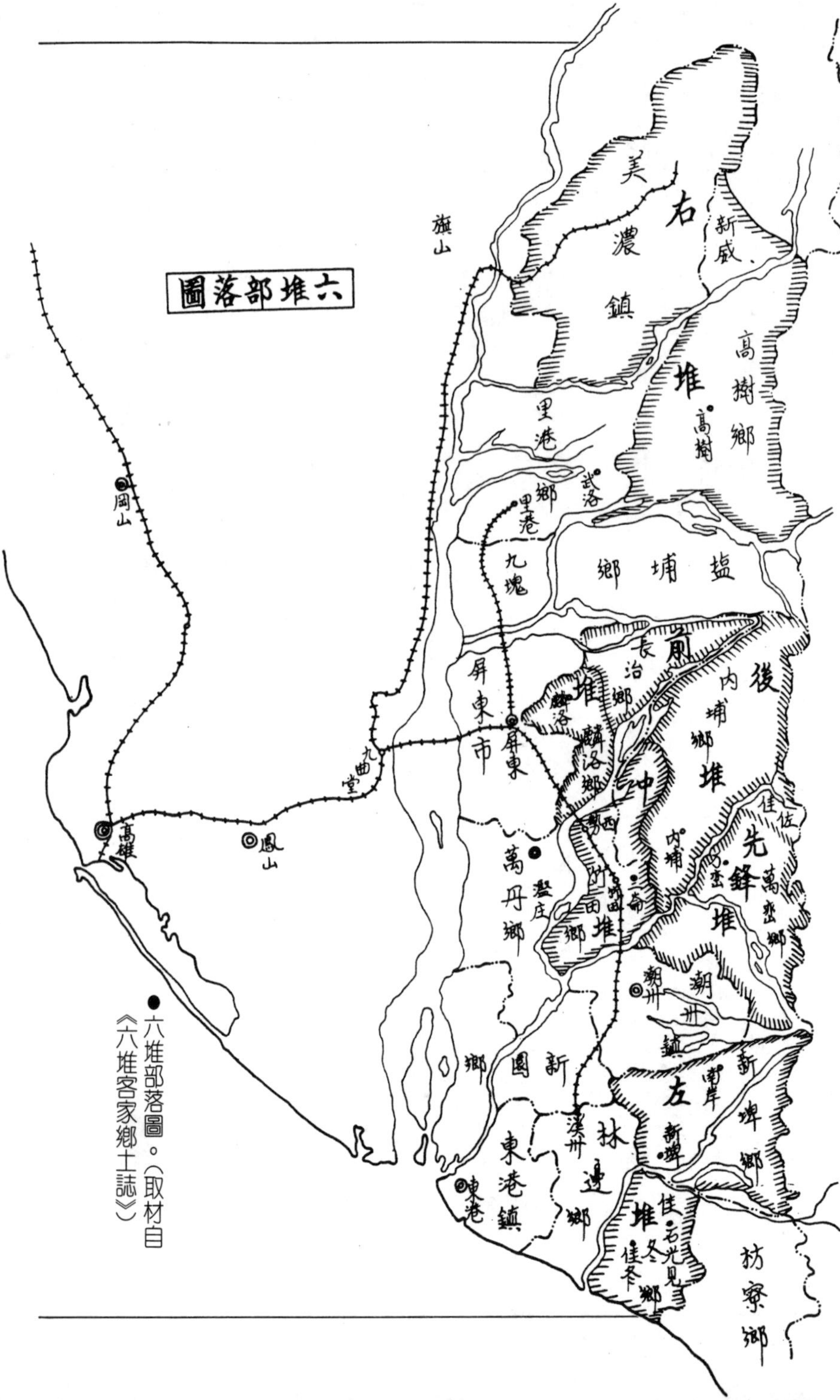


●六堆部落圖。(取材自《六堆客家鄉土誌》)

長治等地方。沿河南下的人就發現新埤及佳冬。」不過，我所知道的清朝的兵役制及官制是這樣的：凡是派來台灣的軍人也好，官吏也好，任期一律三年，任滿必須調回大陸。我們的祖先很可能任滿前就逃兵到濫庄開基也說不定。

這些移民先鋒發現這大好「江山」，當然就一方面開墾，另一方面奔回原鄉招集「生力軍」。大陸的鄉親也就不顧移民三禁不三禁接踵偷渡而至。於是人口驟增，墾區日廣，終於三十年後的康熙六十年（一七二一年）朱一貴起事時已形成了十三大庄六十四小庄之規模，分佈於北至羅漢門（今高雄縣內門鄉），南至枋寮的下淡水、東港溪、林邊溪三大流域平原了。

至於濫庄，不久就被先民們遺棄而變成福佬庄了。

## 現在的六堆區域

現在的六堆包括屏東縣八鄉及高雄縣一鎮二鄉，共十鄉一鎮，包括：竹田、內埔、萬巒、麟洛、長治、佳冬、新埤、高樹、美濃、杉林、六龜。

六堆的開發跟其他地方的開發有所不同。清朝時代土地開發的情形是這樣的：開發土地必須向政府申請。由一資金雄厚的有力人士向政府申請說：「某某地方有一百甲土地，我負責召募佃農開發，並負責收租及維持這地區的治安。」核准後，這有力人士就招募數十或數百佃農來開發。這有力人士就變成了大地主，也就變成了「大租戶」。大租戶收租時，因地多人多，就委託佃農中比較可靠者去代大租戶收租，漸漸得到機會，以後就變成「小租戶」，最下層的才是一般佃農。演變的結果是：佃農向小租戶納租，小租戶向大租戶納租，最後才由大租戶向政府納租，因此一般地方，只要開發土地就必然產生大地主。

然而六堆的開發卻不一樣。從原鄉來台前，祖先們就採取團隊合作方式，共同出資：來台後，推派代表向政府申請開發。申請而獲開墾土地後，各姓氏就組織「祭祀公業」，把土地集中歸屬於「祭祀公業」，然後廉價出佃予派下子孫。演變結果是：六堆地區的大地主都是各姓氏的「祭祀公業」，也就是各姓氏的「嘗」，而很少有個人大地主。承租的派下子孫雖名義上爲「佃農」，但實際上是土地的所有者。因此六堆這二三百年來，財富分配很平均，大家都過著小康愉快生活，跟其他地方比較起來，六堆可說是台灣農民唯一天堂！現在拿出數字來證明六堆爲農民天堂的緣故：

其他地方每甲租金：三七五以前單冬二千斤，雙冬約二千五百斤；三七五以後，一律約一千五百斤

六堆祭祀公業租金：不論單雙一律約一千二百斤。

可見祭祀公業的租金比所謂土地改革的三七五還要便宜得多，而且早在二、三百年前的清朝時代就實現了！

## 六堆的由來與六堆的組織

今天不少客家仍自認爲客家在清朝時代是清朝的義民。福佬同胞也往往諷刺客家是清朝的義民，說難聽點就是清朝的走狗！其實客家是保家衛鄉的義民，絕對不是清朝的義民。本文要介紹的是：六堆的由來與組織。

一七二一年（康熙六十年）三月，客家杜君英襲擊清兵營，反清戰爭先爆發於客庄。四月十九日，朱一貴等攻打岡山失敗後，與客家會合打鳳山攻台南，而於五月一日光復台灣。正當建國時客閩因爭王位而分裂內戰。內戰消息傳到六堆，六堆人就向附近閩庄報復，台南的朱一貴也準備派兵南下支援閩庄打客庄，五月十日，六堆人得到情報就召集各庄代表在內埔媽祖廟開緊急會議，正式組織六堆，準備保家衛鄉。

六堆的組織如左：

(1)中堆：竹田，總理賴以槐、副理梁元章率一千三百人，防守萬丹地區。

(2)前堆：長治、麟洛，總理古蘭伯、副理邱若瞻率二千一百人，防守水流冲區。

(3)後堆：內埔、總理鍾沐純率一千五百人，

防守塔寮地區。

(4)左堆：佳冬、新埤，總理侯欲達、副理涂定恩率一千五百人防守小赤山地區。

(5)右堆：武洛（註一），總理陳展裕、副理鍾貴和率三千二百人，防守新營地區。

(6)先鋒堆：萬巒（註二），總理劉庚甫率一千二百人，防守阿猴地區。

(7)巡查營：六堆集體編制，總理艾鳳禮，副理朱元位率一千七百人，巡查各堆防守區並防守巴六河地方。

六堆大總理：李直三。總參謀：侯觀德。總兵力：一萬二千五百人。

## 六堆的衛鄉與出堆

不久，客閩下淡水大戰就爆發了。六堆組織充分發揮了戰略作用，大獲全勝。這次客閩兄弟內戰後，客閩兄弟情感就徹底破壞了。少數的客家爲了生存就只有團結走「義民」路線。這一路線一走就足足走到一八九五年台灣民主國時代。這路線的「好壞」可能因觀點及立場不同因人而異，不過我要請大家（不分客閩）心平氣和客觀的想一想，替自己也替別人想一想：「按照當時的實際情況，朱一貴、林爽文等革命若成功，福佬將如何？客家人又將如何？」至於我，我年輕時確實對忠義祠不夠恭敬，但如今面對忠義祠及義民廟，我比任何人都彎腰鞠躬得更低，我也希望早日建立朱一貴、林爽文、戴潮春先賢的廟或紀念塔，我也一定會比任何人鞠躬得更虔誠。

朱一貴以後，爲了保家衛鄉或維持治安，六堆就有了經常性的團練組織，也就是六堆，而隨時爲保族衛鄉而「出堆」。

六堆有先鋒、中、前、後、左、右等六堆，每堆設總理及副理各一位，然後從這十二位中挑選最負人望的六堆大總理及副總理各一位，及一位總參謀。每堆分配的「常備兵」是「六旗」，一旗五十名，六旗共三百名，全六堆共一千八百名「旗丁」。每堆又有「旗手」正副各一人，「先鋒」（隊長）正副各一人，「長幹」（速信兵）一人，及「督糧」（糧餉後勤）一人，以及「文案」若干人。

六堆組織從雍正年間至抗日期間，有案可稽的「出堆」分別是在一七三二年（雍正十年）鳳山縣人吳福生反清、一七七〇年（乾隆二十五年）台南善化粵人黃教反清、一七八六年（乾隆五十一年）林爽文反清、一八〇五～六年（嘉慶十～十一年）海盜蔡牽、朱濆及吳淮泗等作亂、一八三二年（道光十二年）嘉義張丙反清、一八五三年（咸豐三年）枋寮林萬掌反清、一八六〇年（咸豐十年）匪亂、一八六二年（同治元年）彰化戴潮春反清及一八九五年（光緒二十一年）台灣民主國成立後的抗日，以迄日人正式領台後繼續游擊抗日。無論是有淸時期的禦閩保鄉乃至抗日時期客閩携手保鄉，六堆組織都發揮了高度團結精神！

## 團結是少數民族生存的條件

回顧中國客家一千年歷史，也回顧台灣客家三百年歷史，眞不勝令人感嘆而噓唏！

由於中國客家也好，台灣客家也好，都因爲「來得慢一步」而吃盡了苦頭！陳文和先生回中國原鄉尋根，所發出的第一句感嘆是：「爲什麼客家人老住貧瘠的山邊!?」陳先生的感嘆也就是台灣客家人的感嘆！我們感嘆：「爲什麼六堆客家人住在遠離文化中心的邊遠地區？」我們也感嘆：「爲什麼北部客家人都住苗栗、東勢等山邊？」我們又感嘆：「既然住在山邊，爲什麼還要受到外圍的排斥與迫害，生存得那麼艱辛？」

老實說，我們的祖先移民來台，若非勇敢團結，今天可能沒有你我等後代的存在了！因此可說「團結」救了客家，延續了客家的命脈！由於移民社會爭奪地盤鬥爭的激烈，台灣的閩客間，漳泉間以及漢人與原住民間，遲遲未能養成命運與共的共同意識，而不斷相互排斥內訌。因此團結當然就變成「少數民族」生存的唯一條件了。

客家人團結的傳統，從中原南遷時就已經養成了。寒山敖著《鄧小平評傳》中，提到客家人的團結就說：「客家人爲了生存，爲了立地生根，開枝散葉，必須跟原住民做你死我活的鬥爭，互相殺戮。……凡是有客家人雜居的地方，幾乎每一個鄉、每一個村，都有可歌可泣的故事。正因爲械鬥頻繁，客家人的村落，房屋都建成品字碉堡型。由於鬥爭的需要，同聲同氣的客家人不能不團結起來，凝聚成一股強大的力量。因爲渙散無異自取滅亡。由於這種鬥爭傳統的影響，客家人至今仍相當團結，地域觀念甚強，反叛性、鬥爭性也強，不會輕易屈服。」爲了寫這篇文章，最近我到各地方拍古戰場及古蹟，乘便拜訪地方父老。我所聽到的父老們感人肺腑之話：「沒有團結就沒有武洛人！」「沒有團結就無大路關人！」深深刻印在我心坎裡！

由於客家世居山邊、鄉下，爲了求發展當然就必須向外，尤其是向大都市發展了。那麼，客家當務之急應該是：一方面如何跟其他兄弟同胞打成一片，另一方面又不能忘祖。

今天有很多客家人外出，不說客家話，不敢表露自己是客家人，可能出自於跟其他民系打成一片之心切而無可厚非，但若出自於「自卑」，那就大可不必了！客家在台灣雖然人數少，但對台灣的貢獻卻非常之大！清朝領台，第一個起來反清的是我們客家人！台灣民主國抗日動亂時代，慷慨赴義，用鮮血、用頭顱保衛大台灣的，也多半是我們客家人！各位客家兄弟，你們還以客家人爲恥麼？

（註一）當時的右堆只有現在的里港鄉的武洛。美濃在朱一貴之役十五年後的一七三六年（乾隆元年）才由武洛人林豐山、林桂山兄弟開基：高樹則次年乾隆二年也由武洛人前往開基。

（註二）萬巒在內埔的後面，應叫「後後堆」才對，爲何反而叫先鋒堆？因爲萬巒子弟留在萬巒無作用，就前進到阿猴（屏東）來防守，這樣就在最前面了，所以叫先鋒堆。

——原載一九八八年十月《客家風雲》雜誌

**作者簡介**：

鍾孝上／屏東縣萬巒鄉人，六堆文教基金會第十屆董事，《客家的過去，現在與未來》編輯發行委員。

# 義民乎？不義之民乎？

## ——重探林爽文事件與「義民」之舉

■陳運棟

### 一、前言

每年到了夏曆七月二十日義民節，隨著枋寮褒忠亭義民廟輪祭區祭典的高潮，一般人對義民廟、義民崇拜的本質往往提出質疑。認爲義民廟所供奉的義民爺爺，是幫助當年的滿清政府消滅反清復明的民族英雄林爽文的一群人，充其量只是滿清的走狗，不但不夠格當義民，而且應該稱之爲「不義之民」。福佬系統的同胞，並且認爲義民廟是客家人的廟宇，而加以排斥詆毀，進一步的來宣揚「不義之民」的論調。但是這種論調是否公允、持平，則是頗値商榷的一件事。

### 二、民族史觀的時代意義

認爲台灣各地義民廟所供奉的義民爺爺爲「不義之民」的論調。肇始於連雅堂《台灣通史》所標示的民族史觀。每一個時代各有其所處生態環境，史家針對著所處生態環境所觸發的種種問題意識作出發點，因而成就了不同風貌，各具精神的偉大著作。連雅堂甫及成年，即遇台灣割讓日本之巨變，使他遭受到亡國毀家之痛，他在民族情感受到大刺激之後，民族意識高昂則不在話下，因而遂以「台灣遺民」自居，而其排滿思想也就特別強烈。此後日本人統治台灣致力於同化政策之推行，他在民族思想的激盪之下，發憤修《台灣通史》。這本巨著可以說是以民族意識爲根源，以保存台灣文化爲責任，以發揚民族精神爲目的，所以民族史觀就成爲《台灣通史》的歷史哲學。

《台灣通史》卷三十〈吳球劉却列傳〉，連雅堂的贊說：「吳球劉却以緩戶之細民，抱宗邦之隱痛，奮身而起，前後就屠。人笑其愚，我欽其勇。烏乎！此豈有激而爲者歟。」在〈朱一貴列傳〉的贊說：「朱一貴之役，漳浦藍鼎元從軍，著《平台紀略》。其言多有可採；而曰台人平居好亂，既平復起，此則誣衊台人也。吾聞延平郡王入台，深慮部曲之忘宗國也，自倡天地會而爲之首，其義以光復爲依歸。延平既沒，會章猶存，數傳之後，遍及南北，且橫渡大陸，浸淫於禹域人心，今之閩、粵尤昌大焉。婆娑之洋，美麗之島，唯王在天之靈，實

●新竹新埔義民廟香火鼎盛。

式憑之。然則，台灣之人固當以王之心爲心也。顧吾觀舊志，每譏延平大義，而以一貴爲盜賊矣。夫中國史家原無定見，成則王而敗則寇；漢高唐太亦自幸爾，彼豈能賢於陳涉、李密哉？然則，一貴特不幸爾。追翻前案，直筆昭彰，公道在人，千秋不泯；鼎元之言，固未足以爲信也。」諸如此類的言論，可知他喜稱延平大義，日本領台之後，傾心排滿。這種心理背景深刻的表現在他對民變問題的解釋上，認爲清代歷次民變都是屬於帶有改革政治之民族革命。這種論斷難免偏於他個人所持的民族史觀，這是讀《台灣通史》者，首當注意的一點。

連雅堂的所以持民族大義之史觀，自有其時代意義在；因爲他自認爲是「台灣遺民」，有著熱愛台灣的鄉土感情，而當時的台灣正值日本人統治時期；只有藉宣揚延平大義以反清，藉反清以加深民族意識，藉發揚民族精神而想暗地裏與日本人所推行的「皇民化運動」相抗衡。於是修成《台灣通史》，以之作爲歷史教育的題材，提醒後代子孫千萬不可忘記祖先「渡大海，入荒陬，以拓殖斯土，爲子孫千萬年之業」的豐功偉績，如此，種姓可得發揚，民族必可永生。但是如果研究台灣史者，不能分辨這種民族史觀的時代意義，一味的以這種觀點來闡釋台灣的歷史現象，難免陷入主觀、武斷，而失其客觀、持平性。

## 三、清代台灣民變的背景

據張菼的研究：清朝統治台灣計二一二年，有文字記載可考的大小民變案件有一七一件之多，這些民變案件，雖同樣是以暴力戰爭的方法來否定當時的法律和秩序，但依其性質可分爲：(1)反抗滿清政府統治的所謂「謀反」、「謀逆」案件共一一六件；(2)分類械鬥事件共三八件；(3)原住民抗清事件共一七件。可見其變亂頻仍的一斑，也可應驗「三年一小反，五年一大反」俗諺之由來。其背景除了政治層面之外，還應顧及社會及地理層面的因素：

**(一)政治層面的因素：**

1.吏治不良與官逼民反：由於上級大吏對台

灣鞭長莫及，耳目難周，官吏貪虐之風，尤甚於內地，此為激起民變之一大原因。

2.班兵制度之缺失與流弊：由於上級大吏對台灣督察難周，軍務格外廢弛腐敗，將吏尤屬怯懦無能，致為人民所輕，敢於作亂。

**㈡社會層面的因素**：桀驁難治的移墾特性。

1.由於會黨天地會之傳入，遂造成足以助長發生民變的有組織的社會潛在勢力。

2.由於常有變本加厲的分類械鬥，遂造成足以釀為民變的潛藏武器與戰鬥力量。

3.由於無業游民「羅漢脚」眾多，結群相聚而危害社會治安、公共秩序。

4.由於清初至中葉，因禁限內地人民來台，造成男多女少，鰥夫寡男極多之人口情形，亦為民氣浮動思變的大原因。

5.由於地方豪強勢力特大，心懷異志者容易將其個人野心與朦朧中的會黨觀念結合，因緣際會，助長民變之發生。

6.由於移民之聚居不以血緣為依歸，而以地緣為依歸，泉人黨泉，漳人黨漳，粵人黨粵，以氣類相號召，容易糾眾倡亂。

**㈢地理層面的因素**：

1.由於台灣外隔重洋，內絕深山險壑，蔗林密樹，易為亂民嘯聚竄伏，以當年滯遲的通訊情形與交通工具，處此環境，亦為亂萌的一大原因。

2.由於海洋風信靡常，波濤險惡，文報與外援的稽遲，也是台民多敢造亂與附亂的原因。

綜上所述，清代台灣民變是由於海島地形，移墾形態的社會特質，再加上官吏的貪墨，班兵的無用擾民，以及強悍的移民性，遂形成變亂頻仍的局面。

## 四、林爽文事件的性質

林爽文事件是第一宗由天地會領導的台灣反清民變，由於天地會的起源，性質與演變一直是隱晦不彰，留有不少懸疑難測的爭論問題；因此，使得林爽文事件的性質不容易把握。過去一般的說法則視其為民族革命；林爽文因此成了先烈、民族英雄，南投縣中寮鄉且有「爽

●義民的產生，是早期台灣移墾社會治安問題的表徵。

文路」、「爽文國小」來紀念他。甚至有人說，林爽文已入祀圓山忠烈祠。如果持此觀點，當然義民爺爺「助紂爲虐」幫助滿清，消滅倡導民族大義的民族革命勢力，就該稱之爲「不義之民」。這就難怪當年大新竹縣（含桃、竹、苗）縣長劉啓光，即持此觀點拒絕議員們要求補助義民廟修建費之議。

但是，問題是歷史現象的認識與把握，可否僅秉持史觀一項，還要不要透過時代背景的了解，來把握歷史現象的正確認識。現在就根據各項史料列出下列幾點作爲了解林爽文事件的要點：

㈠林爽文原爲漳州府平和縣人，乾隆三十八年（一七七三）十七歲時隨父母到台灣，乾隆五十三年被捕時年三十二歲，在台灣約十五年，以「趕車度日」爲生。這「趕車度日」不能以現代眼光來看，因爲在二百多年前的乾隆年間，不要說有「車」可「趕」，就算是僱得起「挑伕」已經不是一件容易的事。由此可見那時候的林爽文必然是可武斷鄉曲的地方豪強之流，所以《平台紀事本末》才說他有「傾動其鄉人」的勢力。

㈡乾隆五十一年（一七八六），因嘉義楊光動事件而爆發了會黨問題，彰化縣的官員查辦甚緊，吏役更藉機肆虐，會黨中人遂起意抗官，並來邀林爽文起事。林爽文雖有武斷一方的影響力，但是他初無大志，並沒有對抗官兵、攻城略地、稱王封侯的權慾野心，他的族長林石、林繞等人也不贊成抗拒官兵的謀反行爲，因此將林爽文藏在內山。然而黨人林洋等既已定計謀反，身爲「大哥」的林爽文勢成騎虎。因此，當林洋等再度前往糾約逼迫時，只好淪沒入抗官行動。由此可見，林爽文的起事絕對談不上是有組織、有計畫的民族革命行動，抗官的行動也缺乏主動積極的意識性動機，充其量祇不過是逼上梁山而已。

㈢吏治問題是林爽文事件的導火線，而台防班兵不能遏亂於未萌，及事起之後迅速潰敗，毫無保安平亂作用，則提供了亂事發展擴大的機會。據《彰化縣志》及《平台紀事本末》，乾隆五十一年十一月初（一七八六年十二月），台灣鎮總兵柴大紀巡查營伍至彰化縣，當時因楊光動一案的逃犯多潛入林爽文所居住的大里杙（今台中縣大里鄉新里村），有旦夕爲變的可能，彰化知縣俞峻曾要求柴大紀留下來鎮壓，柴大紀則以調兵爲由逕回府城，遷延時日，失去先機，遂使林黨得以嘯聚鴟張，屠割僭據。

㈣乾隆五十一年十一月廿日（一七八七年一月九日），台灣知縣孫景燧，游擊耿世文等帶領三百名兵丁駐紮在大墩（今台中市），彰化知縣親往各莊搜捕，飭令獻出逃犯與林爽文等，並聲稱如敢違抗，即燒莊勦洗。十一月廿七日（一月十六日）夜間，林爽文等往攻大墩，官兵倉皇潰敗；正式揭開戰幕。十一月廿九日（一月十八日），彰化縣城接著被攻陷。林爽文有了據點，自封爲大盟主，分封屬下將軍、元帥、軍師等職，並建立「順天」年號。大盟主的名稱脫胎於會黨中人稱首領爲「大哥」的觀念，林爽文未曾稱王，也一直沒建立國號，雖有封賞，但並未明顯的發展出建立政權的意識形態。據

《平台紀事本末》，在佔領彰化之後，林爽文等人貼出的榜示也聲明：「本盟主爲衆兄弟所推，今統雄兵猛士，誅殺貪官，以安百姓，貪官已死，百姓各自安業，惟藏留官府者死不赦」，由此亦可看出林案僅爲單純的抗官事件，絲毫看不出有所謂民族革命，政治改革的痕跡。

㈤建立據點之後的林爽文，一方面準備攻諸羅，一方面差人聯絡住在鳳山縣阿里港（今屏東縣里港鄉）的莊大韮共同起事，因爲莊大韮不能服衆，因而去找其族兄莊大田出來當「大哥」。莊大田自封爲「洪號輔國大元師」，被捕後供稱這個元帥銜是「會頭」的意思。由此可見，莊大田與林爽文相同，他們的權位觀念一直沒有超脫會黨形態的格局，談不上什麼政權觀念，更不用說具有政治目標之類的民族革命了。於是林爽文在北路，莊大田在南路，到處招人聚衆，而各處聞聲蜂起的羅漢脚更爲他們提供了廣大的兵源。十二月六日（一七八七年一月廿四日）林爽文攻陷諸羅，並進向府城，一路上由於羅漢脚的從賊搶掠，所以到達府城時，其部衆已達數萬。在塩埕橋（今台南縣永康鄉塩行村附近）受到柴大紀的阻遏；府城官吏同時招募義民協守。十二月十三日（一月卅一日）莊大田攻下鳳山；十二月廿日（二月七日）後與林爽文合攻府城，屢攻不下。

㈥據《平台紀事本末》，林爽文等所率「烏合之衆，裂裳爲旗，提竿爲梃，皆以刦掠爲事」，於是激生出許多相抗的義民組織，淡水、竹塹，彰化先後爲義民收復。同時，由於當時是台灣社會全面騷動，所謂「賊匪」與「義民」之間很難區分清楚。甚至有父母親係義民，子弟復去而從賊，奸良相雜。再說，義民固然建功不少，但義民往往不全是爲平亂或恢復社會秩序而殺賊，其中夾雜不少分類械鬥私仇的成分，此所以《彰化縣志》說：「林爽文煽亂，其謀逆之由，起於會匪，而其後亦變爲分類」。《平台紀事本末》也指出：淡水克復後，「義民等好事輕生，雖賊人敗退，猶剽掠不已，漳、泉、粵之人轉相仇殺」。

㈦在乾隆五十一年年底以前，官軍不堪一戰，幾乎是一路潰退，只能固守府城待援而已。乾隆於亂事初起時，認爲「此等奸民糾衆滋事，不過么麿烏合」，飭令由閩省派一員總兵協勦已足，後來眼看局勢日壞，於是福建水路、陸路提督俱率兵渡海支援，乾隆五十二年元月初（一七八七年二月），水路提督黃仕簡自鹿耳門登陸，進駐府城；陸路提督任承恩則坐鎮鹿港，加上先已渡海東來的汀州鎮總兵普吉保、海壇鎮總兵郝壯猷，則台灣一地即有兩提督，三總兵指揮軍事，但也只能與林爽文等人的勢力相持；形成了《平台紀事本末》上所說的「賊人時出擾官兵，官兵拒之，官兵往捕賊，賊亦死拒」的對峙局面。三月六日（一七八七年四月廿三日）鳳山第二次被莊大田攻陷，林爽文遣部衆與莊大田會合，第二次進攻府城，莊大田部屬之一的莊錫舍率衆三千人於此時倒戈成爲義民，府城圍解。乾隆五十二年四月九日（一七八七年五月廿五日），授湖廣總督（原爲閩浙總督）常青爲將軍，領援兵親自渡海來台，於是浙江、廣東皆先後多次出兵，每次數以千計，常青坐鎮府城，想先清勦南路，但是抵台半年內仍無起色。直到乾隆五十二年十一月二日（一七八七年十二月十日），帶著欽差關防的嘉勇侯福康安率領近萬精兵抵達鹿港，開始展開主動的掃蕩與攻擊行動，局勢立刻改觀，各地次第規復，終於攻破林爽文的最後據點大里杙。林爽文即攜眷從火焰山等處逃入內山生番地方，復於集集埔（今南投縣集集鎮）安卡把守。十二月，又被官兵殺散，在內山將該犯家屬拿獲。乾隆五十三年元月七日（一七八八年二月十三日），林爽文進至老衢崎地方，被官兵、義民等拿獲。南路莊大田的勢力也很快的瓦解，莊大田率殘部向南逃竄。二月五日（三月十二日），在台灣最南端的瑯嶠（今屏東縣恆春鎮）就擒。

以上七點爲林爽文事件的要點，此一事件前後經歷一年兩個月，清廷動用數萬大軍，屢易主帥，方克平定。在台灣史上，也是規模與影響最大的一次民變。

至於此一事件的性質，由林爽文等人在整個起事過程中，從無一句口號語及復明，行爲模式也停留在會黨原有的帶給社會騷動與擾亂的破壞作用上；所以，與其說林爽文事件是抗淸的民族革命，還不如說是抗官的群衆運動來得妥適。而且林案不僅是一宗反淸民變而已，還夾有部分漳泉分類械鬥與地區民衆趁火打劫報復，挾嫌互相誣良爲匪等現象。這些現象正表示台灣當時的社會存有嚴重的治安問題，亂事一起，也隨著併發出來，成爲亂苗滋長、發展、擴大的基礎。林案參與者原以會黨爲主幹，然而從起事的過程中看不出會黨有何眞正的積極性目標。因此，在一家之內父子可以同爲義民、賊匪；莊大田的大股首莊錫舍也可以倒戈請降。再加上百姓之間各分氣類與私仇，「亂民」與「義民」之間竟產生相當高的流動性，而這種流動性正是嚴重的社會治安問題的表徵。

## 五、所謂義民問題

### ㈠義民的產生

以羅漢脚爲主的民變參與者，其行爲不可諱言對社會秩序具有強大的破壞力，常造成戕害與侵蝕作用。每當大規模的民變事件發生時，社會上也自然會產生反破壞力量，以阻遏變亂事件所帶來的戕害與侵蝕作用之繼續進行。這種反破壞力量在台灣社會中則來自所謂的「義民」群體；因此，義民乃對應著民變事件而產生的民間自衛群體。義民的產生，最根本的原動力是對抗「亂民」所加諸當地社會的焚搶劫掠行爲。他們爲求自保身家性命財產，挺身而出，組織群衆，與亂民相抗。正如《福建通志台灣府》上所說的：「一旦地方有警，而民間好義之士，仗戈持竿，爲國家出力，與營兵分頭勦賊，其人地諳熟，且出於義憤；其被賊之擾害者，又視賊如仇，不待鼓舞，奮勇爭先」一般。另外也有由地方官衙門招募充當義民的。

一般說來，義民原爲一臨時性組織，由政府給予旗號，隨同官軍平亂。每一群義民都由衿紳舖戶出任「義首」來領導，像創建枋寮褒忠亭義民廟的林先坤、劉朝珍、王廷昌、黃宗旺、吳立貴等人都是當時的「義首」。至於義民的成員，雖有殷實的地方百姓，但也不少游手好閒的羅漢脚之徒。因此，《彰化縣志》上才說：「負販食力之輩，一旦地方有變，無他營生，其相率為賊者此民，其向義而從軍者亦此民。故欲散賊黨以殺其勢者，惟招募義民，最為上策。我軍多一義民，即賊人少一夥黨。其互為消長者必然之勢也。彰化自乾隆丙午、丁未間，林逆煽亂，大軍未來，游手游食者皆從賊，故其陷彰、淡、諸，而進攻郡治也，旬日之間，烏合幾十萬。蓋良民素弱，奸民素強，至事變而兵力不能衛民，何難脅良民而胥陷於賊哉。及大將軍福公領民勦賊時，一到鹿港，即令揚振文招募義民，給發盛世良民旗數萬面，使不願從賊者，執以歸莊；而四方丁壯咸思投軍。即老弱亦知有生路，賊黨已不攻自散矣。夫非義民與賊其勢互為盛衰乎？彼衰我盛，因其勢而迅掃之，一鼓成功，此善用義民之驗也。蓋官兵備守禦於平時，其養之也，歲糜糧餉。義民則因地方有事，隨時招募，費在一時；亦寓兵於農之一法。惟深明於募義之意，原為解散賊黨起見，而又善於駕馭，務使進退有節，所到鄉村，秋毫無犯，雖不嫻於律，儼若紀律之師，夫而後可以決勝而立功也。若制之無法，則欲禦亂而反以召亂，可弗愼歟？故曰：義民者，不得已而用之也」。

義民組織的經費或係義民首捐資興辦，或係官發給，各有不同。亂事結束後，淸廷對義首及出力之人往往比敍軍功；對鄉里則以「懷忠」、「效忠」、「旌義」、「褒忠」、「思義」、「效順」等里名匾額，降旨賞給義民村莊以示旌獎。惟據《台案彙錄庚集》所載：朱一貴之役「懷忠」、「效忠」匾額祇係閩浙總督覺羅滿保所給；而林爽文之役所頒泉州莊義民之「旌義」，廣東莊義民之「褒忠」、漳州莊義民之「思義」、熟番社義民之「效順」等里名匾額，皆乾隆親自「特賜匾額，用旌義勇」，又以「該處莊居甚多，難以徧行頒賜，著福康安接到匾額後即遵照鈎摹，擇其大莊群居處所，普加賞給懸設」。

新竹縣新埔鎮枋寮褒忠亭義民廟所獲頒的「褒忠」御筆原件，現藏竹北鄉東平村六家林祺熾家，由其子林保邦保管，爲台灣現存唯一的「褒忠」御筆原件。

## (二)義民的功能

義民的產生正如前述，完全是因應清代台灣移墾社會的社會治安問題而來，有其正面的功能，也有其負面的功能。

正面功能爲自衛及隨官軍征戰的軍事功能，以及維繫人心的社會功能。民變的規模愈大，義民的表現也愈突出，其正面功能也較明顯；因此，在許多大案中可以看出義民的地位與影響力。義民之初起，原基於自衛的心理與需要，而清廷在台的駐軍在亂事過程中，經常是無能爲力，地方官遂轉而利用義民爲平亂的助力。義民的這種軍事功能，在朱一貴事件時就充分的發揮；閩浙總督覺羅滿保在〈題義民效力議敍疏〉（載《重修鳳山縣志》藝文志）中說：「各處義民，誓心效力，倡率義旗；或聚衆守土以拒賊，或結隊嚮道而剿戰，或質家口從間道以引王師，或設奇謀糾衆力而擒賊目。皆由國家有淪肌浹髓之深仁，致草野知親上效忠之大義。」已經扼要的把義民的所謂義行模式說明了。林爽文之役，義民建功更多；彰化先後兩次失陷，也先後爲義首李安善、林湊克復。竹塹失陷後，也由義首壽同春「不費朝廷之餉，不煩一旅之師，三日以內，全城恢復」（《平台紀事本末》）。柴大紀收復諸羅，乃「武舉陳宗器統同安義民爲之前導。雙溪口武舉黃奠邦亦統義民爲之接應」（《彰化縣志》）的結果。粵莊對於組織義民一向最爲熱心，在此一戰役中也不落人後，在舉人曾中立倡導下「挑選壯丁八千餘名，分爲中、左、右、前、後、前敵六堆」、「每堆每莊各設總理事、副理事，分管義民，剿殺賊匪，攻破小篤家莊、阿里港等處賊營，牽綴賊勢」（《台案彙錄庚集》）。

在維繫人心的社會功能方面，六家林六吉所藏古文書〈台灣知府徐夢麟之批示〉中說：「旌孝褒忠朝廷之盛典，守方知義先民之遺規。本府蒞任後，察看地方民情，急公向義者，因不

●台灣唯一的「褒忠」乾隆御筆原件現存六家林宅。

乏人；而澆風薄俗尙多未改。是以設義學、捐義倉、修志乘，欲使窮鄉僻壤，讀聖賢書，講明禮義廉恥，漸消其桀驁勇悍之氣。咸知尊君親上、祗父恭兄，不敢再存作奸犯上之心也。查乾隆五十一年，林逆倡亂幾陷全台，惟淡屬粵籍義民皆出殺賊，保衛地方。事平後，朝廷錫以褒忠貳字。嗣後，凡遇叛逆之案，粵籍民人皆志切同仇，滅此朝食；或充當義勇，或捐資防勦，雖爲威脅利誘皆退却之不願；此皆褒忠貳字有以維繫人心。可見欲使小民知孝悌忠信，全賴官長多方鼓舞而振興之。」

義民在民變事件中的負面功能之表現方式，有搶掠、誣陷、公報私仇、械鬥等等，對社會造成的破壞作用有時甚至在「亂民」之上。因此，《彰化縣志》之論義民，有「若制之無法，則欲禦亂而反以召亂」的說法。林爽文之役，義民爲惡的紀錄可以說與建功相埒。淡水收復後，《平台紀事本末》說：「義民好事輕生，雖賊人敗退，猶剽掠不已，漳、泉、閩、粵之人轉相仇殺，淡水復大擾」。《彰化縣志》也記載，彰化城在粵莊義首李安善領導下克復後，時義民中有不肖者，焚莊肆掠，致脅從無所歸，平民亦不敢出，以故空城莫守，仍爲賊據」。

綜上所述，正由於義民在民變事件中有其正、負面兩種功能，更可表示義民的產生，是早期台灣移墾社會治安問題的表徵，用不著以民族史觀來詮釋「義民」與「不義之民」之分。

## 六、結論

早期台灣移墾社會的特質不同於中國原鄉的母體社會也不同於晚期的「土著化」或「內地化」社會。人口組合一方面是男多女少；另一方面是游民特多；社會結構則呈現高度地緣結合的色彩；閩、粵、漳、泉，地域分類的氣習甚深；結拜與結會的風俗極盛；這因素已足使社會問題滋生，再加上吏治不良，班兵腐敗，遂相輔相成的造成民變事件之此落彼起。

任何變亂行爲，無論是高懸政治理想爲鵠的，爲福國利民而採取的革命行動；或野心家追求個人政治權慾之反叛行爲；或是經濟社會問題惡化之後產生的群衆暴力破壞行動，都必然的會否定當時的政權或採取敵對的態度。因此，在這一層面下，清代台灣大小民變都具有反清的表象與結果。但是「反淸」原爲一種自足現象，實在沒有必要與「排滿」或「復明」連結在一起。不幸的是辛亥革命以來，「反淸」與「排滿」混淆，成爲民族精神教育下具有高度價值意味的概念，影響所及無遠弗屆。後來的人往往輕易而不自覺的將反清與民族主義理所當然的加以連結。因此，清代台灣絕大多數民變，尤其是林爽文及戴潮春事件，過去一直被描繪成帶有民族主義色彩的抗清義舉。在肇建民國的先烈們來說，排滿僅是一種過程與手段，建立民國，促進大同以救中國於存亡危急之秋，才是最後目的；這也是在民國建立之後，孫中山先生所以要提倡五族共和的根本原由。基於這種認識，我們可以說，直到今日還要把清代台灣民變附會於民族大義，再來議論所謂的「義民」與「不義之民」之分際，早已失去歷史教育的價值。天地會的反清活動也是民族史觀論者將民族主義附會於民變的另一原因；考之史實，則台灣的秘密結社行爲一部分僅止於「結拜」的層次；這種現象實際上是台灣早期移墾社會的必然產物，與會黨並無直接關係。另一部分則屬於會黨型態的結會事件，又可分成兩類：其一爲耳聞天地會之規章儀節，拾其遺唾而結會者；另一種則爲天地會本支在台灣的流傳。但無論是那一種類型，都呈現會黨「末流」的形態；林爽文事件是天地會在台灣發動的第一宗民變事件，卻未見其有訴諸民族情感的反清口號或文字宣傳，與內地會黨起事後每有反清揭帖與文告者顯有區別。因此，就清代台灣秘密結社的現象來說，實在無法證明天地會與民族主義之間的強固連結。

肇生民變者多爲稱作「羅漢脚」的無業游民，而游民平素流離奔蕩，居無定所，身無恆產，苦於生計。因此，他們平日所關懷期盼的重心，當在經濟物質層面的不虞匱乏，國家與民族層面的問題實在離他們太遠。他們結會的動機儘管有善與不善之分，但都與反清復明或倒滿興漢沒有多少直接關係。因此，他們所造成的變亂事件，絕大多數也就缺乏民族種性的標榜與追求政治權慾的色彩；他們的行爲雖然造成外在形式的反清現象，然究其實質，則抗官的意義往往在抗清之上，社會騷動的本質也遠在政治變亂性質之上。

就社會經濟方面來說，民變的主要影響，完全在對台灣的社會經濟產生一種侵蝕與破壞作用；焚掠燒殺常成爲民變的後果，往往波及無辜的社會大衆。因此，就整個台灣社會經濟的開拓與發展來說，多一次變亂就多一份進步的阻力，爲了對抗這種破壞力量，遂有義民的產生。義民產生的三個先決條件是：㈠清廷政治權威尚未喪失；㈡班兵腐敗缺乏保安作用；㈢護衞鄉里與身家生命財產之心理；尤其以第三項的「自衞」爲最根本的動力。義民之被冠以「義」名，乃因其針對游民之擾亂治安，製造社會動亂而起，本極單純。而民族史觀論者則硬把清代台灣民變視作民族革命；因而形成了一個不易解答的難題：如果林爽文、戴潮春等

「亂民」是反清的民族英雄，則「義民」豈不成了漢奸的「不義之民」？這也就是引發這篇論文的原由。

事實上，義民多數安分守紀，義首尤其多爲社會領導階層，是安定社會秩序與促進文化發展的主要力量。他們大多數胼手胝足，墾殖蠻荒使成爲海外樂土；因此，是清代台灣土地開發、經濟發展的最大功臣。他們不願見血汗換來的田園成爲蕪地；辛苦營建的廬舍化爲廢墟；乃挺身而出，從事協助恢復社會秩序的「義行」，其中實含有相當社會正義行爲的成分。如果說「亂民」是社會分裂的力量，那麼「義民」便可以說是社會團結的力量。「亂民」的行爲既非以「反清」作爲中心，相對的，義民的挺身而出，也非以「擁清」作爲動力；而且正因爲義民主要維護的目標不是清廷的法統，因此他們除了「平亂」之外，往往也「多行不義」，尋仇械鬥之外，趁機打劫者亦復不少，增加對社會的破壞作用。於是我們在歷史上所看到的「亂民」也好，「作亂的義民」也好，都充分顯露台灣開闢時期的民風慓悍好鬥，也代表台灣社會在移墾期嚴重的治安問題所呈現的病態現象，這種現象的產生，除了政治控制上的不當之外，也可以說是台灣特殊的移墾社會特質所造成；實在沒有必要再依民族史觀，把當年的「義民」看成「不義之民」。這種看法是否有當，還要請讀者們不吝批評指教。

——原載一九八七年十月《三台雜誌》

# 你永遠不會瞭解偓愛住脈介屋！

■陳板

這次回六家，心情與往常有極大的不同。倒不是因爲家裏遭賊。小妹在上班時間打電話給我，說家裏遇賊。其實已經是個搶劫了，媽已經當面看見來偷東西的小賊了，並質問兩個賊說，「你們爲什麼偷我的東西？」，賊竟回答，「我那裏有偷！」然而家裏上下被翻走的東西依舊明白控訴兩個賊的行徑；可是，幸好遇上的小賊，還在下意識中害怕主人識破其賊意！否則，以目前社會的治安實況來推斷，恐怕連性命都可能被盜走……

但，我心情的轉變倒不是因爲這個原因，眞的不是這個原因。

背著女兒跨出媽的麵店的那一刻，就感覺到一股全新的空氣迎面撲來。六家，這個在我離開童年，離開少年步入青年才居住的地方經過近來我一連串對童年記憶的思索之後，已經開始變成我的「家鄉」了。雖然，說得眞確點，這裏是媽的「家鄉」，媽在這裏幾乎過完她完整的童年、少女及出嫁前的小姐生涯，二十五年之後才嫁到我的「家鄉」（我的童年家鄉及爸爸當時的家）——坪林。那裏還眞稱得上是鄉下呢，她剛嫁過去時，家裏連電都還沒有。可是

●新埔還存有客家色彩的古老建築。（劉還月／攝影）

我在今天却嚮往起這樣的生活空間了，獨自孤立在山排下水田中央一幢紅磚一樓半樓房。莫說電力公司的影響力還到不了此地，連通訊信件都無法送到家（當年爸就是因爲聯考成績單僅送到附近的店子，才沒唸成師範學校。）有幾分自己的田地，用一些自己的勞力，生活便如此自給自足地展開來了。

我每一回告訴她，我們的生活在都市中既然不順利，索性搬到山裏面去住（大概我也像她一樣，經常隨口說出我對童年的生活空間的嚮往。）我可以用我在學校學的建築知識替她起一間屋，就不會再受到世間種種人爲苦難了！

媽却像自動反射器一樣老是跟說，「偓才不要，偓好看人，好鬧熱！」往常，我老感不解，甚至還在心裏頭質疑，是不是她過不慣鄉下清苦日子，可，以她過往勞苦的生活經驗來看，又不是這樣子……她老說，「偓愛住大路唇。」這句話在以前我仍舊覺察不出有什麼特殊的意義。

這次回家，我終於明白了，我童年的家和媽

童年的家其實是不一樣的。而我們都在潛意識中嚮往各自童年的生活空間。當時，六家比起坪林幾乎是城市和鄉村的差別，雖然媽早生我二十四年，可是，當年的城鄉差距却反過來超越這個時間所造就的生活差距，使我感覺媽的童年比小了一輩的我還要「都市化」些！

我逐漸明白，爲什麼十餘年來媽老像開自來水般自然地跟我報怨，不喜歡現在住的這間小巷子裏的屋，而遺憾當年不將爸與阿公的車禍保險賠償金再加貼點錢，好買大路旁的那間屋。現在我才知道，當時我對靜僻生活環境的要求，竟成了她十餘年來的遺憾。這次回家，她竟對我說，「你永遠不會瞭解偃愛住脈介屋！」，似乎在向我宣示我長年來對於「家」的概念的描述和她心目中期待的有多麼大的一段差距！

我開始不去責怪她老想把住家當成商店的世俗念頭……就在背著自家女兒跨出麵店，看到當年媽在此經歷夢般童年的老屋所在的六家庄，我就知道了。

失了一陣神之後，不知不覺間走到一處新社區的廣場，站定之後才知是二舅的米粉工廠。原來平淡無味的販子屋爲了要改裝成宜於生產米粉的工廠，特地在樓梯間前加裝一架升降梯，這項措施竟迅速地使這間販子屋增加了一個新義（一個生產的地方，而不是不事生產的住家。）這架升降梯我還曾參與興建過哩！當時我才十多歲，國中生，爸開的鐵工廠工人待不住，我只好臨時擔任「充員工」。這座運載米粉上樓晒日頭的升降梯，是我經驗中第一座電梯，我以爲天下的電梯都是這般光禿禿四壁皆空的模樣，如今鎮日穿梭在台北各大樓世界名牌電梯才知道，當時的這座升降機原來只是以土法鍊就的本土型電梯。然而，十餘年來二舅靠了這間米粉廠，不只榮光了新竹米粉的聲名，還造就了自家在六家庄受人尊敬的經濟地位。或許也是台灣近年來經濟力蓬勃的抽象斷語的實況展現罷！而我當年竟也曾參與一個沒有準則可遵循的台灣經驗（奇蹟）的創造工程啊！

離開六家上台北之前，很快速地翻了一遍請小妹幫我留下來近三個月的新竹地方版報紙。媽見我看舊報紙竟覺好笑，問我，「看个（那個）愛做脈介（什麼）？」。我一時也不知該怎麼跟她說，卻想起另一件事。我告訴她，我每一次離開新竹到台北，就像出國一樣，在台北幾乎不會有機會知道新竹發生了些什麼事，報紙好像只報給台北人看。於是，回到家就想翻一翻看看家裏發生了些什麼事。就像小弟每次回家都會翻看媽的記事本，記事本記載家裏誰做什麼，誰打電話來的瑣事。也像我兩次從中國回台灣，都狠命地翻看積了一個多月的各報「舊聞」才稍稍覺得，自己與「家」脫節並不多；是一樣的道理。

臨搭車時，特地繞進外公領頭由六家庄鄉親們合建的伯公廟燒上一把香，並在四周走了一圈。我感覺，我與這個地方實在沒有夠深的感情，可是卻有另一個冥冥中的聲音從遠方傳過來，「會的，你總有一天會回來的！」

——原載一九九〇年十二月十八日《自立早報》副刊

●客家村落大多分布於近山丘陵地區。

# 面對強勢文化，客家人何去何從？

## ——訪清華大學社會人類學研究所李亦園教授

■鍾春蘭

在台灣，約佔五分之一人口的客家人，有部份已忘記自己是客家人，也不會講客家話了；而客家文化在其他語言群的強勢文化衝擊下，客家文物的保存付之闕如，甚至我們找不到客家人一向標榜的「團結奮鬥、勤苦耐勞」的精神標誌。身爲客家人，我們忍見客家話面臨危機，客家文化任其消失無形嗎？目前擔任清華大學社會人類學研究所教授的李亦園先生，在國內民族人類學的研究範疇上一向享有執牛耳的地位，筆者特走訪，請他對此問題提出看法。

■請你以人類學者的眼光來看語言族群和民族群的差別，以及兩者在社會發展的互補關係爲何？

□我發現不止是一些專家學者，甚至《客家風雲》有些刊載的文章都把客家人當成少數民族，這點我不同意，本島的原住民可以說是少數民族，客家人却是個方言群。少數民族與方言群不一定相等，這有必要釐清。

在中國漢民族的體系下，有七、八個方言群，客家話、廣東話、福佬話、潮州話、吳語、北方官話、西南官話、海南話等、客家人是其中一個方言群。英文裏頭有個名詞ethnic group

即是方言群的意思，與少數民族binolity的意味是不一樣的。

我過去在馬來亞、新加坡的調查研究，主要就是針對方言群。以馬來亞的僑社來說，那裏有廣東、福佬、客家、海南、潮州、新化等方言群，他們之間雖有競爭，但合作的機會遠比競爭大。他們的合作是屬於有機的合作，一般說來客家人大都在鄉下地區種樹膠，而其他在城裏的：廣東人開金店居多，海南人則開飲食店，福佬人經營各種不同的雜貨店，新化人經營腳踏車店，這些方言群各扮演不同的角色，成爲一個有機的合作體，共生共榮，少一個都不行。

方言群與方言群之間，風俗習慣有別，價値觀念不一，但是基本還是中國文化，不致相差太遠。就像閩客之間生活習慣也不盡相同，個性上客家人傾向保守，不善算計，以農爲主；而福佬人較開放，愛冒險，投機，適合作生意。在社會上商人與農人本來就是互補的。

而山地人與客家人、福佬都不同，他們並不屬於漢民族體系下的族群，語言、價値觀念、生活習慣與漢民族差別甚大。假如說閩客之間的差異是二十%，而山地人與客家人或其他漢族語群則差別八十%。

方言群與方言群在正常的情況下，是互補且是有機的共生，彼此並不構成問題；只有在政治危機或初期移民競爭激烈才會凸顯問題。像目前政治環境的改變，政治上競爭情勢濃厚，而客家人數少，政治利益不能與其他語群平等，所以客家意識出現了，《客家風雲》雜誌產生了；而早期移民，因爲爭水利、爭土地、爭利益，閩客之間有了衝突，衝突發展的嚴重歸結起來還是因爲滿淸利用閩客矛盾的政治因素，所以後期的閩客衝突幾乎都牽涉政治，由此看來，政治是引發方言群產生危機的最大因素。

■當前的情況，客家人作爲少數方言群不僅在政治上有危機感，在語言、文化上也有強烈的危機感？

□在一個現代化的社會，多元文化、多元語

言最合乎現實需要，最能使社會豐富、活潑。所以不同的文化、不同的風俗習慣，以及不同的語言都應該受到尊重。但是執政者以只有語言的統一，才象徵國家的統一，才能彰顯國家意識，這點我並不贊成。

推行「國語」可以，但沒有必要廢棄方言。有一種共同的語言可以溝通，與能夠說雙語並不抵觸。因此尊重方言是現代多元社會應有的態度。目前不只客家話有危機感，福佬話也有危機感。這種語言上的危機事實上還是政治問題。

■在台灣少數客家人的聚落如美濃、新埔，還多少存有客家色彩的古老建築，感受到客家文化的氣息。但是大多數地區已看不出客家文化的特質；客家文物的闕如，客家山歌的抱殘守缺，甚至在客家鄉鎮找不到象徵客家精神的標誌。面對客家文化的失落，做爲一個客家人，如何力挽狂瀾？

□基本上我贊成多元文化的存在。只要你願意，你大可以保護存留。但是我們有必要認清：文化的保存不是一廂情願，你個人主觀的意志想保存就能保存。在整個社會的發展過程，不要說客家文化，福佬文化或其他方言群的文化，即是中國文化也在逐步消褪失色當中，爲維護中國傳統文化，有心人爲救亡圖存，組成了中華文化復興委員會，然而面對西方強勢的科技文明，儘管有人聲嘶吶喊，中國傳統文化仍一步步地銷毀淡化。客家文化或其他方言群文化莫不如此，潮流的衝擊不是個人主觀的意志所能抵擋的。

認清了這點，再以理性的態度分辨：客家文化中那些適合現代，那些是健康的，對族群的發展有助益的；同時也明白地指出那些不合時宜，是落伍了，是不健康的。以理性冷靜的態度對自己的文化作體認、分辨，甚至批判。假如只籠統地認定這是我的文化，我要保存，反而不能保存；只有了解文化的脈絡，進一步去分析研究，取其精華去其糟粕，這樣才不至於被時代淘汰。

像客家山歌，有它音樂及鄉土的美，但小部

份也有不可理喻的地方，而且有與時代脫節的意味，會唱的人已經不多了。這就應該由民族音樂家來整理、發展它。國劇面臨的問題也是一樣，現在大都是老一輩的人在看，年輕人已少有人去接近它了。爲此郭小莊試圖把它帶上現代化，雖然大受年輕人歡迎，但也受老一輩的抵制、反對。像這些問題大家一定要有共識：社會發展就是如此，要保存首先要以理性去分析研究，使它能適應現代社會，純粹以感情去愛護它，最後仍然難逃沒落的命運。

■有人建議維護大家庭制度或族群的聚落最能延續客家文化，你的看法如何？

□這是抱著書本理論，不切實際的說法。現代社會鄉村與都市、地區與地區、甚至人與人間流動性強，不是人力所能抵擋。何況社會的發展趨向小家庭，怎可能反其道維持大家庭制度呢？保存客家文化我還是堅持剛才的說法——以理性的態度來面對。

■客家人在台灣人口比例上算是少數的方言群，少數面對多數以及多數的強勢主導文化，怎樣才能獲取合理的對待？

□實行眞正的民主是不二法寶。因爲不民主，權力分配不平均，少數方言群才會產生危機感。眞正民主社會，多數佔便宜固然沒有錯，但是佔便宜的多數必尊重少數，使少數得到保障，這是民主政治的精神所在——少數民族可以發言，可代表權益。現階段政治資源分配不平均，所以客家人才產生危機感。我認爲做爲一個客家人與其爭取少數方言群的權益，不如爭眞正的民主來得有意義。

■面對客家文化的失落，被融合，客家人難免感到痛苦或無可奈何。客家人在心情上宜有哪些準備？

□按社會發展趨向，文化的融合交流是必然的。從長遠歷史看來，將來沒有所謂的客家文化、福佬文化或其他族群的文化，只有文化的共同體。這是人類文化發展的趨勢。這種現代化潮流非人力所能抵抗。漢民族幾千年來就是吸收融合多種外來文化，才變成現在的面貌。

對於文化的融合，我強調要以自然、不借用

外力干擾、不強迫、不產生痛苦的方式。客家文化基本上是漢民族文化的一支，文化價值體系與其他方言群相差不大，我不認爲在文化融合、失落的過程中會造成客家人的痛苦，只不過是客家知識份子的遺憾、傷感或懷舊罷了。

原住民面對漢族的強勢文化，因爲文化價值體系相差懸殊，他們離開山區在都市社會求生、發展，他們的不能調適，產生痛苦是可以想見的。客家人的文化背景與原住民不一樣，不能相提並論。

文化的融合若不是自然、漸進、和平的，對該族群必然造成傷害。就以西方文化入侵中國一百多年，這之間中國始終都在戰爭，沒有吸收、調整、喘息的時間，以致於造成價值體系改變，意識型態不同，還有中國、台灣的隔絕，到現在中國人還感到痛苦；對西方文化到底是全盤西化亦或抱持傳統，至今亦爭論不休。

■如你所說客家文化和其他文化一樣，終會被融合消滅。是否可以在融合消滅的過程中，儘可能在文化共同體中保留客家文化的特質？

□文化要靠知識份子的篩選、保留和提倡。過去的已經過去了，一味在感情上懷舊，抱持古老的東西不放，對現在並沒有益處，反足以害之。民族學的立場即是持理性、冷靜的態度來看問題。假如客家的知識份子能站在自己文化的立場，作去蕪存菁的工作，提倡發揚自己的文化特點和優點，成爲新文化的成份，即是保留了客家優良的文化特質。

■有人說客家人在很多方面與猶太人很相像。猶太人有自我的文化特質，成功地保持自我的尊嚴。而另一面又能站在時代的尖端，對世界的科學、文化作出很大的貢獻，甚至成爲強勢文化的締造者。猶太人的模式是否可作爲客家人的參考？

□基本上我認爲客家人與猶太人處境不像，立足點也不一樣。猶太人是個民族，它們有一神教的宗教信仰，有自己的文化價值體系：而客家人只是漢民族體系下的一個方言群。猶太人在科學、心理學以及國際金融等方面都有傑出的表現，深深影響人類。客家人與漢民族體系下的其他方言群表現其實是差不多的。

■歐洲有很多國家它們本身亦是由不同方言群組合的，他們的發展是否有可以給我們參考的地方？

□我舉瑞士爲例。瑞士是由義、法、德三種不同的語言部落所組成的。他們是語言不同，而不是方言群。在瑞士國內他們把義、法、德同時列爲官方語，路牌、指標也同時用三種文字標出。爲溝通需要他們也推行國語，但是他們尊重方言，保存方言。透過政治民主、參與平等，瑞士成爲多元民族並存共榮、安和樂利的國家。它的發展的確值得我們參考。

——原載一九八八年四月《客家風雲》雜誌

**作者簡介**：

鍾春蘭／一九五〇年生。成大中文系畢。曾任職中國時報、自由時報。並曾擔任婦女刊物《快樂家庭》、《第一家庭》等雜誌總編輯。一九八八～一九八九年曾擔任《客家風雲》總編輯。一九八八年客家人《還我母語》的請願運動，即由其擔任總策劃工作。平日最關心婦女及弱勢族群的權益。現仍從事文化出版工作。

●客家文化必須取其精華去其糟粕，才不至於被時代淘汰。（劉還月／攝影）

# 娶妻當娶客家妻

■鍾春蘭

知道我是客家人，先生（福佬人）的朋友常會以「會娶妻娶客家妻」這句話來恭維我們。對客家女子善意的褒獎，在我的生活經驗中，屢見不鮮；即使在平日周遭，也常可聽聞。

過去客家人以丘陵地帶農耕為主的生活背景，客家男女都必須與困苦、艱辛的物質環境搏鬥；而為謀求更好的生活，不少客家男性則到外地打拚，且一去三年五載的，此時留守在家中的女性，便要內外兼顧，家事、農事一手包辦。在這樣的環境背景下，養成了客家女性普遍有堅忍、勤奮、刻苦、節儉的性格；日常生活不僅對內要洗衣、煮飯、養兒育女、孝敬公婆、侍候丈夫；對外，也和大男人一樣，耕田、播種、種菜、砍柴、採茶、收割，樣樣都來。客家婦女不纏小脚的天足，即是因應客家婦女勞動的需要。

走入現代工商社會，客家婦女除保有勤儉、耐勞、吃苦、上進等美德之外，在濃厚的家庭倫理觀念孕育下，客家女性還有忍讓、謙卑、顧家、順從等性格。客家婦女由於有這些特性，以至於有「會娶妻娶客家妻」、「娶媳婦當娶客家媳婦」這類的讚譽。

## 客家婦女的特質適可滿足父權制式下的男性利益

其實，以現代高唱的兩性平權觀點，「會娶妻娶客家妻」這句話背後的意味，是不符合男女兩性的平等的。因爲客家婦女具有上述的特質，正滿足了傳統父權制式下的男性利益，不少男性便以爲客家女性適合娶回來作「輔」。這情形就像一些男性喜歡娶學歷、能力較自己爲低，也較柔順、聽話的女子爲妻；不至於與教育水平、經濟能力和自己相當的女性匹配，男性爲尊的地位會受到挑戰，其道理是一樣的。

九〇年代的台灣女性，由於社會的進步，也由於女性在各行業的力爭上游，女性可發揮的空間，所開展的視野較諸過去已不可同日而語了。而過去客家女性的特質，兩性的倫理關係放置在九〇年代，時空的改變，若干價值取向也不同了，而這正是現代客家人在男女兩性的互動關係上，值得省思的課題！

以下我舉幾個事例，或可作爲旁證、說明。

其一：在我多年前與一些客家籍朋友合辦《客家風雲》雜誌時，對客家人很有好感的「我愛紅娘」製作人洪理夫給了我一份調查報告，那是該電視節目委託一所大學社會系，對上電視徵婚的女性所作的一份分析研究。其中發現上該電視的女性，以外省籍居多，福佬籍次之，再次才是客家籍。以台灣的人口籍貫來論，號稱四百萬客家籍的人口，應該是與外省籍同胞相當的，但是該報告中客家籍女性上該節目的比例與其他語群女性比例相當懸殊，相信與客家女性普遍較保守、內斂、封閉、內向的性格有絕對必然的關係。這兩年來，台灣如火如荼地進行各項選美活動，可是客家籍女性參加的少之又少，這也是守舊的觀念使然吧！

## 客家女性不嫁客家郎？

讓我印象深刻的是：洪理夫當時對我提出的一個問題，爲什麼上電視節目的客家女性十之八九都有這樣的但書：她們徵婚或交友的對象不希望是客家男性；而奇怪的是其他語族的男

●客家女性普遍有刻苦、節儉的美德。

女，都沒有這類排斥客家男性的要求，何以多數客家女性「有志一同」呢？我當場無法回答，但是多年來，我每每以此詢問年輕的客家女性，證實洪理夫的疑問不差，的確比例相當高的客家女性抱持這樣的想法。這樣的指陳是相當刺傷客家男性的尊嚴的，而爲什麼多數年輕客家女性有如此的想法？我的一些客籍的男性朋友提出的理由是：現代年輕的客家女子怕吃苦，好逸惡勞嘛！我想這可能是原因之一，但並非全部的理由。過去以農爲主的客家家庭，固然女性要分擔農事，然而現在已少有年輕人以務農爲職業了，何況目前的都會生活，女性不管做個上班族或家庭主婦，工作內容與負荷也不因語族差異而有別；理性的推衍、解釋亦是。

過去的傳統客家家庭，女人不僅要下田耕作，男尊女卑的觀念亦頗強烈：不能與男人同桌而食，不可與客人共室而談，受教育以兒子優先，女人衣褲不能在明眼處曝曬等等；走入現代的工商社會，普遍說來，客家男性的威權鬆動輕慢，對女性的桎梏仍多。客家女性不願嫁客家男性的事例，也就不足爲奇了。

其二：在我近二十年的工作經驗中，我接觸過各行業相當多表現傑出的客家女性，但是在參與到其他的公共事務上，比如女權、環保、民主、人權等社會運動，客家女性參與的不多。我個人在尋求、認同客籍女性同志之時，也每每有寂寞、孤單的感覺。

客家女性參與公共事務不多，「相夫教子」的主內觀念恐是她們最大的羈絆。過去客家人以丘陵地區爲主的農耕生活，在物質普遍困乏的情況下，客家婦女發揮了驚人的潛力、耐力及毅力。代代傳承，即養成客家婦女「顧家」觀念的根深蒂固。這種以家庭第一，以丈夫、兒女至上的作爲，無疑的，即牽絆了客家女性對外的活力。

資本主義社會的「優勝劣敗」，加上民主、開放的思潮，即是當前台灣經濟第一政治掛帥的主流思想文化。在這社會文化潮流下，任何保守、封閉、偏安、守舊、妥協、威權的性格，都可能趕不上時代進步的節奏——要求挑戰、前進、快速、變化、新奇、開放……。客家女性傳統的勤勞、節儉等美德固然要保持，但邁開步伐，調整觀念，勇於接受新的事物，新的挑戰，恐怕是今後努力的課題；而客家男性揚棄男性的威權，學習更尊重女權，也是刻不容緩之事。

在此台灣客家公共事務協會全力推動「新客家運動」之際，我以一個文化工作者不彈「客家人偉大」的沙文老調，勇於批判自家人，只是希望與所有客家人共同互勵互勉！

——原載《自立晚報》本土副刊

# 鍾理和筆下的客家女性

■鍾鐵民

《原鄉人》的作家鍾理和，是台灣現代文學先驅者。他的筆下所描繪的女性，無一不是堅強、勤勉、能幹和獨立的。她們也美麗和溫柔，但是她們幾乎全是勞動的女神，是生產工作上的要角，沒有一個是軟弱等待別人服侍的。因爲理和先生文章中的女性，是台灣女性中的客家女子。

客家婦女的形象是如何的呢？且看看理和先生的描寫：

——兩個年輕女人在斜坡上種蕃薯。

兩個人都穿著藍長衫，袖管和襟頭同樣安著華麗的彩色欄杆；藍衫漿洗得清藍整潔，就像年輕女人的心。各人身邊都帶著盛了蕃薯秧的畚箕，身軀半彎，鋤口不時發出閃光。頭上戴的竹笠，有一頂是安著米紅色小帶的，卻同樣拖了一條藍色尾巴——即是流行在本地客家女人間，以特殊手法包在竹笠上的藍洋巾。……

以上是長篇《笠山農場》一書中對客家女子穿著的說明。美濃婦女到今天還有少數老人身著長藍衫，據說那是清朝流傳下來的式樣。大家穿慣了，既不特別追求時髦華麗，也就將就的沿襲下來。文中兩個漂亮的年輕女人在山坡上勞動，其中一個是女主角呢！在這種衣著下女性的柔美不是全隱沒不見了嗎？也不盡然，《笠山農場》中另一段寫女孩們工作一個上午，午休時的形態：

她們在樹蔭下各揀了乾淨的石塊或草地坐好，然後解去手袋、裹腿及膠底鞋。她們攏了攏扁歪的髮髻，又拂去身上的塵屑和草籽，把安了美麗欄杆的袖口扯平。這才解除了工作時裝束的畫一和單調。而顯出一個個不同的豐姿、情趣，和個性的美來。

另外一篇記述農村生活的小說〈菸樓〉中，更可看出客家女性在生活中的重要，她們共同負擔了所有的工作。

我們一共五個人：我和兄弟有發，另外三個年輕女人。我女人早晚偷個空兒也來幫點忙。有發，這年輕人，做事本來就認眞，這次拈著菸樓，他十分高興，做起來更加起勁。他和招娣二人，自培育菸苗、假植、割稻、以至種菸，都特別勤奮。他們是一對年輕情人，由早到晚，形影不離，十分親密，但並不因此妨害工作。相反的，祇有更賣力……

那年我們可眞慘。母親患了瘧疾，不但無錢買藥，父親甚至還不讓她休息，用條繩子拴在她腰間，把她死活拖到營林局去做工。……我眞不知道母親是怎麼樣做的工。她是連走路都困難的呢……

客家女子視勞動生產，分擔生活是天職。客家男人心中樂見的，也絕不是柔弱無用的女性。理和先生在〈初戀〉一文中記述他初戀的對象，也是能挑起兩隻鐵皮水桶擔水的勞動天使：

就在此時，背景的一端出現了一個年輕女人。她的身段很美：她的大腿自胯下邁出去，堅實而沉穩。……

她的眼睛修長，眸子黑黑有神；鼻子略嫌扁些，但大致還好；嘴角四邊的肌肉收得很爲得體，鬢腳異常白嫩……

她來了，春妹在那邊出現了，還是那矯健活潑的姿勢……她的步伐帶起一陣風，把她的後衫裾飄揚起來……

這個挑著鐵皮水桶的女子，剛中有柔，是理和先生第一個欣賞的女性。而理和先生文章中描寫最多也最生動突出，令人敬愛的女性，當然是他的貧賤之妻平妹女士。她是一個標準的客家女性的代表。

客家婦女一向能吃苦。她們與男人一同操作。在古代記載中，碰到戰亂時還要庇護男子，她們把男人藏在家中，避免遭到亂兵殺害或被迫充當挑扶。中國婦女自古有纏足的風氣，以三寸金蓮爲尙，唯獨客家女子傳統上堅持不纏足，長久被譏爲大脚婆也不爲意。這可以從清代筆記小說得到證明，台灣的客家婦女秉承了原鄉女性的美德。「勤勉」、「能幹」是她們最重要的德行。所以公公婆婆心目中的好媳婦，面孔是否漂亮並不十分重要。首先要注意的是她的脚是否粗健有力，腰身挺不挺，轉身換步的身姿是否輕盈俐落。因爲現實生活是殘酷的，若是無法參與生產，扶持丈夫，「嫁厓食厓」的，即使再美麗溫柔也是惘然。

時代變了，生活的環境也變了。客家人生活的條件跟周圍所有的人已沒有什麼差別。年輕的客家女性，不論是否受最好教育，離開家鄉進入都市，她們從她們的母親身上繼承下來的基本傳統精神應該都不會改變。而客家男子眼內的賢妻良母，跟他們的父親那一代，應該也無不同吧！

# 大客家帝國？

## ——政壇客人點將錄

■魏貽君

省籍問題吵得正熱，只見政治利益天空底下，一股低氣壓籠罩，台灣、外省集團大吐劍光，都說自己是利益分配的弱勢者，直嚷著快混不下去的危機感。

如果省籍眞是這麼重要，如果得了便宜還賣乖的政客眞是混不下去，那麼山地九族的原住民豈不屍骨無存，客家人族群豈不只有丁點大的立足之地？

政治利益分配場上大炒省籍，客家人冷眼旁觀，心頭頗不是滋味。現實政治職務分配的族群比例上，若從大餅包小餅的角度來看，客家人在中央只有四塊小餅，一是中壢客家人的政務委員吳伯雄，一是廣東梅縣客家人的央行總裁謝森中，一是新竹縣關西客家人的農委會主委余玉賢，另一爲客籍味輕的僑委會主委曾廣順。

但是如果換從大客家人沙文主義的角度來看，客家人顯然可以享受超級阿Q的滿足滋味，客屬大佬常會提醒晚輩：中華民國的天下是客家人打下來的。

這話說得誇張，卻也多少有些事實根據。國父孫中山是客屬，黃花崗七十二烈士一半以上有客家血統。更誇張的說，客家人現在統治著半個亞洲。

台灣的李登輝、中國的鄧小平、新加坡的李光耀、菲律賓的柯拉蓉，身上全流著客家人血液；如果一表三千里的話，李登輝還得叫李光耀一聲「叔公」，柯拉蓉的曾祖父許寰哥則是福建同安縣客家人，所以從大客家沙文主義的角度看統獨問題，早就統到天涯海角，就算共組一個「大客家帝國」也綽綽有餘。

這話說來阿Q，但是聽來風光，雖然它只是一個超級大夢。對台灣三百萬以上的客家人來講，一個吃不到的大餅，照樣餓死人。

中國的阿鄧伯、新加坡的耀叔、菲律賓的阿蓉姊在他們那裏當老大，說得粗俗一點，關台灣客家人什麼鳥事，一個處處要排擠，一個時時想斷交，一個動不動要討錢，這種鄉親多一個無益，少一個無害。台灣客家人與其滿足阿Q大夢，倒不如認眞去吃小餅。亞洲客家大餅看不到更吃不到，台灣小餅就擺在眼前，問題只在怎麼吃。

●現階段政治資源分配不均，所以客家人才產生危機感。

比起現在的客家人只分到餅渣子，早先的客家人一度是大口咬餅，立法院曾經前後出現三位客籍院長，廣東的孫科、新竹的黃國書、苗栗的劉闊才，然而如今何在？前監察院長余俊賢也是客家人，惜乎垂垂老矣。

軍系大老中也不乏有客屬老將，比如新竹的鄒洪、江西的陳大慶、廣東的薛岳、張發奎、魏崇良、黃鎮球、羅友倫；另外像王昇、賴名湯則是江西客家人，前任國防部副部長郭宗清也是形象儒雅、性格謹慎的台北客家人；可惜客家諸將已是廉頗老矣，或者風華不再，他們有的只是大中國憂患意識，至於堅靱耕耘台灣的客家意識，他們沒有。

行政官僚系統曾經是客家人的攻堅重心。老生代以曾任行政院副院長徐慶鐘爲首，中生代則大多是不會說客家話的福佬客，例如李登輝、邱創煥即是，新生代之中的吳伯雄則已呈現「能趨疲」現象，余玉賢、鍾榮吉、吳水雲、饒穎奇這些土產的台灣客，又是黨派意識強過客家意識，客家人在當今政治職務的比例上依然是有著陸沈趨向。

稍早，在郝柏村內閣的部會首長人選選擇當中，李登輝總統原先考慮以台灣經濟研究院院長的苗栗客家人劉泰英，擔任財政部長一職，旋遭郝柏村反對，原因即是省籍因素作梗，此因經濟部長蕭萬長、經建會主委郭婉容都是本省籍，財政部長遂由外省籍的王建煊出任。

這個未在媒體披露的財政部長人事案，背後現象頗堪玩味。在外省籍權貴眼中，本省人是閩客不分，而在客家人的立場上，閩是閩、客是客，中央人事上的閩客不分，倒也睜隻眼閉隻眼算了，但在地方人事上若是閩客不分，鐵定天下大亂，客家人如此堅持，福佬人又何嘗不是。

在部分縣市中，縣市長由閩客輪流幹，這是不容推翻的鐵律，像桃園縣長是福佬人（北區）幹八年，客家人（南區）幹八年，不管你是什麼黨，如果閩是縣長，議長即是客，反之亦然；花蓮縣長也是如此，客籍的吳水雲幹完，由福佬人的阮順水接任，之後又是客籍的吳國棟擔任縣長，這番閩客輪治的選舉默契，同樣表現在新竹縣市所以分制的主要動因之上。

劉闊才、吳伯雄、劉泰英的敗走官場，似乎顯示客家籍政治人物在中央、地方的政治職位分配不平衡。這股現象，尚不足爲大憂，畢竟省籍、族群不應該是廟堂取才的至高標竿。但是客家政治力被忽視是事實，客家文化意識遭受漠視，更是事實。

客家人上朝當官，即能宏揚客家文化意識，這個說法同樣阿Q，否則客家血統的李登輝一人得道，客家人應該雞犬升天才是。在三家電視台的節目時段分配中，可說是國語、福佬語、英語三分天下，客家話只分到扣掉廣告時間後的廿分鐘；又如京戲原是地方戲曲，但在官方政策強力支撐下竟成「國劇」，雖然觀衆人口逐日銳減，京戲猶能存留；福佬地方味濃的布袋戲、歌仔戲，也因政治力的激盪，得以命脈傳承，小學生都能哼上一兩段，唯獨客家山歌童謠，只在客家老人的記憶中，這對三百萬以上的客家人而言，情何以堪？

客家政治人物宦海起伏，事小；客家文化傳承的飽受漠視，事大；歷史上的客家族群迭經大移民，設若乾涸於台灣島上，豈不大荒謬！

**作者簡介：**

魏貽君／一九六二年出生，楊梅埔心客家人，東海大學哲學系畢業，現任自立早晚報主筆、自由時報主筆、自立周報執行主編。著有散文集《紫薇五癲》、政治人物評論集《台灣政治將士象》。

# 王爺風範．水滸氣質

## ——吳伯雄與許信良的異與同

■魏貽君

### 深厚的政治背景

四〇年代末期的台灣，日本殖民統治逐漸顯露強弩之末的態勢，吳伯雄、許信良間隔兩年出生在新竹州的中壢客家庄。

吳許兩家直線距離十公里上下，但在中壢被當時台灣總督府選定爲皇民化運動示範區之下，兩家的社會地位和境遇卻是天壤之別。

吳伯雄含著銀湯匙出生在士紳家族，祖父是前清秀才的私塾先生，父親吳鴻麟、大伯吳鴻森都是台北醫學專門學校出身的中壢名醫，二伯吳鴻麒則是留學日本法科大學，返台移居台北州建成町的執業律師；在中壢熱鬧區段佔地三百餘坪的吳家，早已無形中爲家族子弟攢積了從事政治的雄厚財力和人脈資源，台灣光復次年，吳鴻森、吳鴻麟兄弟即雙雙當選縣參議員。

相形之下，當年看天吃飯的佃農許文懷，「政治於我何有哉」，他面對的是兩年一小旱，三年一大旱之下沈重田租的日子煎熬，筆桿比鋤頭還難舉起；許信良出生在父母只懂簡單日語的家，叔伯親戚的口袋裏很少有閒錢停留，他很小就聽鄰居大人談起街上吳家的富有卻怎麼也想不到數十年後會和吳家三少爺的吳伯雄，幾度在政治枱面上正面遭遇。

童年吳伯雄的政治啓蒙經驗，嚴格說來是頂不愉快的。

在他八歲剛入中壢國民學校不久的「二二八事件」當中，擔任台北高等法院推事的二伯吳鴻麒遭長官公署逮捕槍決，曝屍台北橋頭，這對遠在中壢的大地主吳家是莫大震撼，客家人的硬頸天性被統治者硬生折斷；當時已以十六萬高票當選第一屆台灣省參議員的吳鴻森，心慟胞弟的殉難，往後從政噤不作聲，白色恐怖冷鋒籠罩吳家。此時父伯的參政立場無形中微妙地調整，少年吳伯雄開始受到家族長輩頻繁的叮嚀「小孩子有耳朵，沒有嘴巴」。

另一項徹底影響吳家產業規模體質轉變的，則是一九四九年時任省主席的陳誠以強壓手腕厲行之土地改革政策。原已經營中壢醫院、新竹區合會，亦有良田千頃的吳家，面對陳誠以警備司令部爲軍法後盾的「收購大戶餘糧」政策，吳家毅然逐漸脫售田產，與兒女親家——苗栗頭份望族林家共同投資其他新興事業，吳林兩家蛻變而成北台灣屈指可數的豪族，幾乎一半以上的中壢人日常生活都在吳家龐鉅身影下，吳鴻麟、吳伯雄父子依此開展長達四十餘年的政商兩棲生涯。

由此可見吳伯雄就讀成大工商管理系，是其父有計劃的逐步栽植。爲免自幼伶牙俐齒的三子沾染紈袴習氣，吳鴻麟把考上師大附中實驗班的吳伯雄，送到台北大女兒吳芳英家中寄住，這個決定對少年吳伯雄性格定型相當重要。

年長吳伯雄廿二歲的大姊夫宋瑞樓，當時已是望重杏林的台大內科名醫，性情內斂穩重，少年吳伯雄生活在濃厚學術氣息的大姊家中，度過沒有叛逆性的尷尬青春期；這股嚴謹的家族倫理內化入吳伯雄的人格，並且形成一個保護網，使他不至於好奇探看當時風起雲湧的《自由中國》雜誌組黨浪潮。

有如置身封建皇朝之下的窮秀才，得取功名

的有效路徑只有科舉一途。缺少新台幣的幫襯之下，寒窗苦讀才是許信良的機會。

在中壢過嶺里的故居農家之間是彼此比窮的，更比誰家的孩子書唸得好。當鄰居以街上吳家孩子多麼用功爲家教榜樣時，許信良顯然沒讓他目不識丁，完全不懂ㄅㄆㄇ的父親沒面子，他是過嶺一帶算得出來的方帽子碩士之一，然而當時鄰里怎麼也想不透，一個連田賦都勉強湊繳的窮農子弟唸政治幹什麼？

如今看來，青少年時期的許信良似乎看穿了《水滸傳》的隱藏精神。當官府把鄉學先生的吳用逼上梁山，那麼將是梁山泊添個智多星，官府多了一個頭痛的天罡尅星，《自由中國》的雷震即是一例，而少年許信良却是完全預料不到，卅年後的他竟會是打造一個梁山泊的智多星。

## 體制內外的改革者

當吳伯雄在安全距離外的霧峰省議會增廣見聞，許信良卻在天子腳下的京畿重地進行「智

●吳伯雄、許信良皆爲中壢的客家人。

者體制內改革」。他是組工會前身的一組中級黨工，老舊黨機器的組織體質卻點燃他的鬥志；許信良詳細閱讀黨史的中國清黨期、來台改造期，發現黨務革新竟都由老舊的派系主導，新生代清純的知識力量卻無揷手空間。

七〇年代初期的台灣，內外情勢都迫使國民黨必須來一場體質表象上的調整。退出聯合國和海外知識青年保釣運動的激盪，以及蔣介石體力漸衰、蔣經國即將接棒上台的政權轉移，使得台灣知識菁英匯聚的《大學雜誌》，成爲許信良首度對外發聲的主要舞台。

比對之下，許信良、吳伯雄的昻揚出發，承擔著高低不同的風險度。《大學雜誌》的書生集體論政雖因分裂而式微，卻是許信良挽起袖子，實際下鄉參政的酵素。

一九七二年吳伯雄、許信良的政治生命首度正式交集，雙雙當選縣長與省議員，吳許兩家的社會名聲微妙拉近，吳許兩人的政治機運卻從此拉開。

對吳伯雄這位台灣歷屆最年輕的縣長，蔣家父子顯然頗感興趣，因而在二蔣主政時代，吳伯雄的仕途一路攀升。反觀許信良卻在霧峰親眼目睹地方黨工的官僚、顢頇，昔日於中央黨部革新黨務的熱勁，盡付東流，他開始思索體制內改革的可能性是否存在。

一九七六年當吳伯雄的縣長任期未滿，擢升爲菸酒公賣局長的人事命令佈達，冥冥中註定了往後台灣政治奇峰突起。如果吳伯雄尋求連任縣長，許信良幾乎不可能脫黨與之力拚，更何況日後之中壢事件發生，以及許信良的加盟黨外核心後一連串風波？

軒然大波下當選桃園縣長，許信良並未走上激越的政治路線，甚至對中壢事件的幕後主導勢力也不願深入查究；當時的行政院長蔣經國、總政戰部主任王昇也曾私下勸告許信良重新入黨，他「冒著殺頭的危險」婉轉拒絕。

一九七九年中旬舉家遷美的許信良，因在海外驚聞美麗島事件，頓感體制內改革已完全宣告無望，遂一度踏上激進的社會主義革命邊緣路線，這個徹底的轉變，激怒了一直賞識他的蔣經國，遂以叛亂罪名下令通緝。

許信良陷入情緒低潮期階段，吳伯雄則在國民黨官場意興風發。在桃園地方上，他厚植資源而令得黨外桃園幫分裂式微；在權力核心中，他躋身中常會而被視爲新生代領袖的接班四小龍之一；然而吳伯雄並未發現一件事實，在強人決策體制之下他是形象虛有而實權架空。當蔣經國身體機能呈現衰退跡象，卻是新舊世代交替的惡戰旺盛之時。在許信良尚就讀政大即已看出國民黨強人統治的弔詭，講究的是深宮內院的進退禮節，既要是當局的親信重臣，又得有豐富的人脈班底，這樣才能把國民黨的遊戲規則耍弄得開；果不其然，蔣經國驟逝未久，吳伯雄的政治生命一路跌停板，而他也只能啞巴吃黃蓮，有苦說不出。

痛澈心肺的經驗告訴吳伯雄，惟有重返民間出發才是他的機會；在海外困頓失意，疲於應付社團恩怨的許信良也認清一點，他始終心在台灣，海外台灣人也很難將他視爲一體，只有重返台灣才是他的機會。吳許於此再度交集，卻是時隔十八年之久。

吳伯雄、許信良兩人廿年餘的江湖闖蕩，各自經驗了台灣政治文化的荒謬性；這一頁滄桑史，是多少的暗潮與伏流的交叉捲盪，朝野政治中人可曾讀出其中滋味？

## 養士性格與公關謀略

沒有人會懷疑這一點，吳伯雄、許信良都是強力吸鐵的同一產品。

若給吳、許的政治性格簡單定位，兩人皆爲魅力型政治人物，有著同樣的禿頭容貌，舉手投足滿是自信，話閘一開不易收勢，牢牢抓住衆人眼光。

這樣圓融的包裝手腕是否適任重要的行政首長，答案自然是仁智互見。但在觀察家眼中不會忽略的一點是，吳、許都有勝任行政首長的充足條件，身邊皆有他日提供決策參考的廣大幕僚群，更重要的是，吳、許與智囊團之間都能保持良性的互動倚賴關係，不致出現「一人菁英」冒險決策現象。

目前外界所能檢驗吳、許行政決策能力的共同交集經驗，僅有桃園縣長一項。湊巧的是，兩人的縣長法定任期皆因故未能屆滿，在桃園選民不被中央尊重的情況下，吳伯雄欣然升官，許信良被迫丟官；兩人過短的地方首長任期，實難勘測出彼此施政能力的高低，以及比較決策品質的良莠。

惟若從比較迂廻的角度著手，觀察吳、許的養士性格和公關謀略，則可發現兩人早已潛藏未來角逐決策大吏的勃勃企圖心。

吳伯雄養士性格的萌芽，得自於家族經驗的薰陶。其父吳鴻麟曾任第四屆桃園縣長，其舅林為恭曾任第四屆苗栗縣長，選舉時的門下食客無數，平日則打樁埋點，毫不吝惜鈔票的灑出，師爺謀士自然持帖來見。

吳鴻麟在地方派系有「好好先生」之稱，為人老練，擅於口才、善飲聞名；林為恭在苗栗政壇有「狗肉縣長」雅號，言談風趣，廣結善緣，嗜吃狗肉；父舅昔日從政的圓滑手腕，今天的吳伯雄全包了。

當一九七二年上任桃園縣長，吳伯雄以卅三歲之齡獨當一面時，挾其家族財力與個人少年老成的內外條件，從容周旋於縣黨部、團管區、憲調警、北區砂石集團、南區客運系統、十三鄉鎮市農會、兩大水利會和地方宗親派系勢力之間，並且從中吸納謀士；此時吳伯雄更結識兩位智慧型師爺，現任台北市政府副秘書長的李本仁，以及現任台北市財政局長的廖正井，兩人佐輔吳伯雄十餘年，吳伯雄也倚為股肱，形成國民黨官場少見共生搭檔。

許信良的養士性格則顯得特殊，他的銀行存款和政治實力始終懸殊的不成比例，即使在許信良辦公室的智慧人力吸納上，金錢一直不是誘引劑；圍繞許信良周邊的幕僚謀士當中，財力高過他的比比皆是；許信良對政治化繁為簡的分析力，讓每位跟隨者都不覺得自己落後，他能耐其煩的以正反合論證方式，協助新生代政治觀察視線的大開；就是這股既微妙，又抽象的自我實現價值感，構成許信良得以養士的主要供輸油管。

類似許信良這種既是狂熱的雄辯大家，又是無比的行動能手，在第三世界中已不多見，例如回教的穆罕默德、印度的甘地、蘇俄的列寧與托洛斯基，他們大多是從地主家庭或知識貴族階層叛逆游離而出；許信良同樣曾自國民黨造就的知識菁英大院破門離去，因此在他流放美國十年之間，一度游走社會主義革命邊緣路線，如今看來並不突兀；也就因著這層叛逆自覺歷程而塑就的政治性格，許信良成爲不少反對運動新生代的吸鐵角色。

一九七七年縣長助選的林正杰、張富忠，一九八〇年協辦《美麗島週報》的留學生陳芳明、邱義仁，一九九〇年構成許信良辦公室骨幹的張學舜、張乃文等等新生代知識青年的理念粘合，顯示世代汰換下許信良的光環並未隨之黯淡。順著這個角度看下去，許信良與吳伯雄養士性格的基本差異處，也就廓然分明了。

吳伯雄養士性格的政治世俗性較重，有著實際利益資源的分配計算因素在內；他不負責思想的教育工作，因此不太會製造意識型態上的死對頭，也不會把自己侷限在偏執一隅的理念堡壘內；圍繞在吳伯雄政治舞台四周的人或許會想，只要他豪爽的哥兒們性格不變，大家自然吃得更好，而吳伯雄也不曾否認這種可能性。

相反的，許信良的幕僚謀士常有自己掏腰包貼錢的可能性，但在他私塾教育的養士性格下，每個人常會感受自己在政治參與中的不可或缺性，以及不可替代性；這種感覺是相當哲學的，卻在許信良的註釋下變得容易消化，可是這種抽象價值的說服力，在財團商人眼中變得脆弱，甚至不值一哂，例如海霸王企業老闆莊大德即不願提供航空飯店爲許信良辦公室之址，大金主與許信良之間，可以是換帖兄弟，但不會是教父和信徒的關係。

## 吳、許兩人的不同訴求

兩人養士性格的差異而各自開展的公關謀略，基本上呈現互補現象。吳伯雄低調處理他的世家豪富色彩，採取相當溫情的軟性公關路線，許信良則拔高他與財金領域的連結度，以兵法宏觀角度暢談台灣的國際投資戰略。

吳伯雄如今展現的感性形象訴求，肯定他的背後有精通廣告行銷策略的高人指點。他出席已故歌手薛岳生前的演唱會和公祭現場，他藉著綜藝電視節目的螢幕，來到百萬人家中的客廳談佛學和女人，他最愛讀的書是《星雲禪話》。他最欣賞的女性是花蓮慈濟醫院的釋證嚴法師，這一切言行若是指向參選省長。吳伯雄現今文宣公關策略所開發的票源，是包括許信良在內的參選者所望塵莫及。到時吳伯雄自可撂下豪語：我不必靠國民黨提名，也早已打下半壁江山。

相對於吳伯雄所說「既使台灣只剩阿里山，我也參選到底」的對省長職位從一而終，許信良則顯得胃口更大。從立法委員、省長到總統之競逐，如今的文宣策略皆將之涵括在內。

相當清楚的，許信良訴求主力在於中產階級自覺意識的喚醒，而其幕僚謀士的結構成分，也大都來自中產家庭，因此在他定義下的中產

●文化需靠知識份子的篩選、保留和提倡。

階級，並不純粹以經濟物質條件為判斷標準。

許信良在此處呈現他之為謀略家的特質。他認為台灣在國際政經舞台之中，就是中產階級的角色扮演；而在政府部會之內的青壯輩菁英，則是國民黨統治機器的中產階級；至於民進黨在國家資源的分配比例下，又何嘗不是中產階級，甚至還是無產階級；在這一套中產階級理論的演繹舖陳之下，許信良展開了他的中產階級顛覆策略。

兩人和媒體記者的關係是友善的。面對交情熟絡的記者，吳伯雄不吝提供獨家新聞，許信良則是製造頭條新聞，一旦兩人交集則又是版面熱騰騰的焦點新聞；在一九八四年起的內政部長任上，吳伯雄幾乎是固定每週請記者吃飯，席中大口吃肉、大口乾杯，講些無傷大雅的官場軼聞、輔導級的黃色笑話，記者吃喝夠也聽得爽，下筆自然客氣三分。

相形之下許信良與媒體互動關係，則少了吳伯雄那分立體感的張力，但對不少有心的媒體工作者而言，與許信良深入長談之後，宛如唸了一本偵探推理小說，從新聞記者蛻變為政治評論員。

吳伯雄、許信良的養士性格、公關謀略初步對比之後，兩人皆是台灣往後政治發展的瑰寶，沒有強烈的黨派敵我肅殺性格。吳伯雄正逐步謹愼的揚棄國民黨帶給他的結構上限制，他少年得志時的油滑氣質，今日隱抑得不復再見，也不再甘於扮演國民黨中常會的安靜麥克風，今天的困境即是明天的契機，吳伯雄以行動證明他知道這一點，如此五十二歲的吳伯雄，大有可為。

許信良常說一句話，「民主運動的意義，高過於選舉」，以他養士性格、公關謀略來檢驗這句話，有著相當程度的眞實性。因此若以選舉利益去框套許信良的言行動機，基本上窄化了他。如果台灣願意走出單薄的國際中產階級孤憐角色，那麼許信良將會張臂叫喊著「來吧，我們要建造一座城，和一座塔」！

——原載一九九〇年十二月十四日《自立周報》政治廣場

# 3／客家語文

# 客家話的自保自救

■羅肇錦

——之一——

有人以爲大家都說國語，放棄方言，這樣才溝通方便、符合潮流，那麼不如乾脆放棄中國話，改用世界流行的英語，豈不更方便、更合乎世界潮流？

常常碰到一些客家朋友，我跟他們說客家話，他偏要跟我說國語，我問他爲什麼不講客家話，他說用國語比較好表達，我再問他孩子會不會講客家話？他搖搖頭，然後辯解著說：其實說什麼話都一樣。

## 自重而後人重

碰到這一類朋友，眞令人又氣又悲哀，想想看，連客家人本身都不重視自己的語言了，那我們又怎能要求別人來重視我們的語言呢？一個人對自己都不尊重，別人更不可能尊重你，所以，客家話今天不受尊重，要從這些不尊重自己語言的人開始再教育，讓他們覺醒，我們的客家話才有延續下去的希望。我不得不苦口婆心說說「爲什麼要保存客家話」。

首先，我要反問這些不說客家話的客家人，

你怎麼認定一個人是不是客家人？一個在你身邊的「台灣人」，他不會說客家話，你怎麼認定他是不是客家人？從族譜？從傳說？從血統？從宗教？從風俗習慣？然而，他們都是黃皮膚，都一樣有高有矮有胖有瘦，有單眼皮有雙眼皮，他們有的拜媽祖，有的拜關聖爺，有的拜觀音娘娘，而且各地都有三山國王廟，都有福德祠（伯公），他們都穿著差不多，吃法差不多，都在家有電視冰箱，出門有機車轎車，除了從會不會說客家話這一點以外，我們幾乎無從認定他是不是客家人了！就像各客家雜誌說李登輝、邱創煥是客家人，是從傳說考證得來，但是他們都不會說客家話，如果不是因爲他們地位高、名氣大，客家人想拉攏他們，把他們底細好好考證一番，我們才知道他們是客家人，否則，光從血統、宗教、風俗習慣，誰會知道他們是客家人？因此會不會說客家話，是認定你是不是客家人的唯一外在條件。

## 客語亦可文字化

其次，有的人以爲說國語可以完整寫出口語文字，而客家話常常有音無字，所以客家文化比不上國語，因此放棄說客家話，轉而說國語，這個想法是完全錯誤的。事實上，北平話也是方言的一支，一樣有很多有音無字的語詞，只是後來教育單位都以北平話爲準，大家都爭相學習，遇有不會拼的文字，立刻就有專家訂出一個唸法和寫法，於是許多有音無字的語詞，自然可以有其音必有其詞了。

同樣道理，如果客家話也有這樣的教育權，相信不出五年，也可以把所有有音無字的情形統統化解，變成有客家音必有文字可以表達。換言之，客語文字化能不能成立，全在是否擁有教育權和傳播權罷了，因此有人以爲國語較高尙，客家話較淺俗，是完全錯誤的。語言並無所謂誰高尙、誰低俗，完全看政治權力屬誰，看誰掌握了教育權和傳播權，那麼他們推行的那個語言自然就變成了高尙的、完整的語言了。如果有人說，大家都說國語，這是一種潮流，我們乾脆放棄方言改說國語算了，那還不如奉勸大家放棄中國話，改用現在流行全世界的英語，不是更合乎潮流嗎？

## 放棄語言等於放棄自尊

一個人有他人格的自尊，有他人格的特質，一個語族也有他的語族自尊和特質，如果一個語族的人放棄了他的語族自尊，也等於放棄他自己，這和中國人不說中國話、放棄自己是中國人一樣的被人瞧不起。所以，一個客家人不願說客家話，甚而嚮往別種語言，加入別種語言的行列，那他早就沒有語族的族格！當然從個人而言，也沒有他的人格可言，對這樣心態的人，我們除了難過以外，更應自我惕勵，不可丟自己的格。

另外，客家話是早期的中國話，保存了許多早期語詞，所以保存客家話，就保存了漢文化。否則，今天大家都只會說北平話，而不懂客、閩、粵等保有古代音韻的方言，自然就不懂入聲唸法，那麼唸古代詩文，就無法得到實際聲韻的幫助而體會深刻，也無從欣賞他們的音律節奏，而達到唱作俱佳的效果，也可以說，只會說北平話的人，已沒有能力承傳我國的詩學了。更進一步看，今天研究中國語言歷史，如果沒有東南方言的印證，我們也無從印證中國語言早期的鼻音韻尾（-m，-n，-ŋ）和塞音韻尾（-p，-t，-k）是那麼整齊出現，當然也無法知道「立」、「力」、「歷」本來應該唸〔lip〕、〔lit〕、〔lik〕了。因此保存客家話就是保存漢文化，一味推行國語，忽視方言，不但沒有達到復興文化的效果，反而成了戕害文化的兇手。

## 人人平等，語言平等

最後，站在憲法之前，各語族一律平等的原則下看，我們要維護憲法，就必須保存客家話，使客家話的語格得到對等的尊重，這是人活在這世界上很起碼的要求。但是我們的語言政策，完全以政治權的強勢壓力，迫使弱勢的語言就範，以致佔有五分之一人口的客家人，竟然連一個客家電視節目都沒有，其他如廣播電台，也只有點綴性質的客串幾個小時而已，服務性的新聞氣象、交通資訊的傳達也幾乎沒有客家話，不會說國語的客家人，只能守在鄉間不敢外出，這完全剝奪了他們被服務的權利，他們同樣納稅，卻沒有得到應有的報酬，我們所謂的「公平原則」又在哪裏？

## 維護祖先留下的語言

從以上的敍述我們可以淸楚知道①會不會講客家話，是認定你是不是客家人的最現實、最直接的條件。②要客家人受尊重，先要使客家話受尊重。③保存客家話是爭取文字權、教育權的重要工作。④保存客家話就是保存漢文化。⑤爭取客家話平等權就是爭取人權平等。我們身爲客家一份子，能夠不努力維護我們祖先留給我們的語言嗎？

——之二——

誰是客家人？誰不是客家人？我們用什麼標準去檢視？該從祖籍推斷，還是從他的膚色毛髮、五官特徵來推斷？該從原型的生計方式認定，還是從傳統習俗、聚居地域來認定？該從說話的口音來推斷，還是從服飾穿著來推斷？

## 五大語系　八大方言

從民族學的立場分析，區分種族，可以依照⑴血統⑵語言⑶宗教信仰⑷風俗習慣等四大條件去論斷，其中「血統」是生下來就不能改變的稟賦，是當然的條件，是無可改變的事實。其他「語言」、「宗教」、「風俗」則可以靠後天學習得來。所以父母都是黃皮膚、黑頭髮的中國人，縱使生長在美國，不會說中國話，又信耶穌基督，吃西點喝乳酪長大，但他仍是一個中國人，一個流著中國血液、擁有中國外貌的中國人。然而，同樣是中國人，同樣生活在中國地域，要區分誰是福佬人？誰是客家人？誰是山東人？誰是廣東人？再用血統就無法判定他們的差別了。這時候，就非採用第二個條件「語言」來分辨不可了。

中國境內語言異常複雜，專家們研究至少有

●任何一個語族，都不容他人輕視或蓄意消滅。（劉還月／攝影）

漢藏語（包括漢語、壯侗語、藏緬語、苗傜語）、阿爾泰語（突厥語、蒙古語、通古斯語）、南島語（高山語）、南亞語（孟高棉語）、印歐語（斯拉夫、伊朗）等五大語系。一般估計連漢語八大方言在內約有六、七十種之多，其中以漢語人口占絕對的優勢，這些漢人不論在血統上信仰上都與其他部族不同，尤其語言上的特色，更爲突出，不但單音節、講次序，還有複雜的聲調，是世界上最特別的「聲調語言」（tone language），這些聲調語言都從「古漢語」發展而成，語言學者們依其聲韻調的系統脈絡，初步認爲今天各方言形成的次序是這樣的：

這些方言，以官話系統居多，約占漢人總人口的百分之七十，吳語系統百分之八。湘語百分之五，客語百分之四，福佬百分之四，粵語百分之五。這八種方言，不管語音複雜或簡單，也不管改變的年代早晚或改變的因素多寡，都是一個共同的源頭，也都有其本身的承傳特質。因此有粵人、閩人、吳人、湘家、客家人……的名稱，而這些特質的形成，不外乎時間空間改變使得聲韻調的內部外部也跟著產生變化，終致造成相互間無法溝通。因此，我們今天認定誰是客家人，第一要判斷的條件就是會不會說客家話，其他血統、宗教、風俗上的差異，光從表面的觀察不很明顯，甚而失去了判斷的意義了。

## 不容壓制或蓄意消滅

如此看來，種族的特質，語言是絕對必要的條件，不容他人輕視它，不容他人對它加以壓制或蓄意消滅。

早在荀子時就曾說：「名無固宜，約之以命，約定俗成謂之宜，異於約謂之不宜。」又說：「名無固實，約之以命實，約定俗成謂之實名。」（見《荀子．正名篇》）言下之意是說，俗世認定這個語言是對的，那它就是對的，重點在「大家的認同」這一點上。客家人要使人認同，就應該以「客家話」的名去符合「客家人」的實，才能算是客家人，否則連客家話都不會說了，就「異於約」，也就「不宜」稱爲客家人了。

漢代揚雄在《方言》一書中，也對方言提出了他的定義，他認爲所謂方言，是跟所謂「通語」相對的。通語又叫通名、凡語、凡通之語、四方之語，也就是通行較廣泛的詞語，譬如周代的「雅言」、漢代的「通語」、明清的「官話」、今天中國的「普通話」、台灣的「國語」，都是在那個時代通行廣泛的語言。反之，只限於某地通行的就叫「方言」。然而，不管時代怎麼進步，通語勢力多大，都不曾對方言用強制的辦法去壓抑它，只要各種族的人，不數典忘祖，不自絕承傳，方言自能代代相傳下去。

可是今天的情況則大不相同，大衆傳播被強勢語言所壟斷，教育語言也被強勢語言所獨占，加上食衣住行的進步，在台灣的住民，無論在穿著、生活習性或年節儀式，甚而使用的詞彙都沒有太大差別，客家人如果不在意識上自我覺醒，好好維繫住自己的語言，不出幾十年，客家子弟都會喪失了說客家話的能力，也喪失了成爲客家人的條件了。而政府爲了推行國語，在政策上沒有顧及少數人的權益，採取諸多不公平的辦法去壓抑方言，不但使客家人對不起自己的祖先，也使國家文化遺產蒙受不必要的損失。補救之道，除了政府拿出公平的態度來對待方言外，最重要的是客家人本身要積極的自強自救，挽回客家話被消滅的危機。

## 長程目標整理彙推廣

基於以上嚴重的關切，筆者認爲補救之道必須從長程的目標及近程的行動上著手。長程的目標可從三方面著手：⑴多說客家話，以激發客家意識的覺醒，負起客家子孫承傳的責任。⑵整理客家話，加強客家傳統的認識。⑶推廣客家話，積極參與政經教育，提高客家現實力量。近程的行動則應該在⑴運用傳播媒體，強調客家話的必要。⑵舉辦客家話研習，連絡鄉情增進團結。⑶出版客家詞語典，推展客族精神，保存客族文化。⑷成立客語教學中心，延續客語普及客家語。下面就依各目標及行動提出一些構想，期望有志之士多予留意。

先從遠程方面看：

**⑴多說客家話，激發客家意識**：大家都知道思想是誘發一切信念的種子，台灣的客家話既然顯現了危機，唯一的最迫切的事，就是客家人本身能在意識上覺醒，人人警覺自己是客家人，就有說好自己母語的責任，不要再躲躲閃閃以說客家話爲尷尬，或以說客家話爲怪異，尤其身爲父母的人，更要清清楚楚的教好自己的子女講客家話，告訴子女們客家祖先篳路藍縷創業維艱的歷程。不要像今天大部分客家子弟，你問他說什麼話，只知道是「客家話」，但是問他是哪裏的客家話自己也搞不清楚，有的雖然知道自己是說「海陸」或「四縣」，但是問他爲什麼叫「海陸」?或「四縣」是哪四縣?結果不是一問三不知就是瞠目結舌無言以對。當然，如果深入些問他客家話有什麼特徵?更是囁嚅半天無法回答。這些簡單而又切身的知識，必須由做父母的從小誘導子弟，用心去瞭解自己所從來。當然，追溯大家漠視客家話的原因，最主要的是大衆傳播把客家話推擠到不能吭聲的角落裏，以使年輕子弟在學國語文化

之餘，就完全丟開了自己的語言、禮俗和信仰。無怪乎，年輕一代的客家子弟，對祭祖掃墓的態度、對年節團聚的重視，都淡漠得令人難過。職是之故，積極鼓勵多說客家話，可以刺激子弟對祖先的認同，重視習俗掃墓、年節祭祀，可以讓子弟慎終追遠，在意識上覺醒過來，從而關心自己的種族文化。

## 培元固本從根做起

**(2)整理客家話，加強客家傳統的認識**：文化遺產中，有語言的研究、禮俗的保存、信仰的了解，以及歌謠、藝術的整理，其中語言的研究最是刻不容緩。而語言研究中又以最容易消失改變的「詞彙」爲最主要，今天外來文化的沖激又快又強，新詞彙的產生及舊詞彙的淘汰頻率非常高，不趁早整理，不出數十年，客家基本詞彙就會消失殆盡。至於語音特質及語法結構，雖然變化速度較慢，但它是語言的根基，更應好好維護，不容絲毫改變，否則本動樹倒，一發不可收拾。像日本、朝鮮，雖然向中國吸收了很多詞彙，但他們的語音特質及語法結構仍保留得很純正，所以詞彙漢化了，但整個日語、韓語都沒有發生改變。另外今天日本從英語借入許多語詞，但不借語音特質及語法結構，所以今天的日語仍是日語。由此可見，客語整理的工作，第一步是詞彙的記錄，第二步是語音的調查，第三步是語法的穩固。這三個工作中，第一、二部分應由對客家話有研究的客家人積極着手整理。第三部份則靠當家長的常常在子弟說錯客語時，及時加以糾正，讓子弟對於客語不但會說，而且要說得好，說得正確，以保持純正的客家話。

**(3)推廣客家話，提高客家現實力量**：任何一個團體，要擴張力量，第一步工作就是掌握政經教育管道，才能發揮力量，否則主觀力量操在別人手裏，縱有千百個理想也無法施展開來。中國人向來安土重遷，所以遷往南洋各地（如菲律賓）的僑民，大都以做生意或從事農耕提高物質生活爲主要目標，期望有朝一日能衣錦還鄉，所謂「富貴不歸故里如錦衣夜行」，所以大都不願參與僑居地的政治、警察、教育的行列，所以常有被當地政府驅逐或欺壓的危機，反觀日本移民巴西後，積極參與政治教育活動，所以掌握了頗大的行政權力，可以影響和保護當地的日僑，發揮了最強的擴展能力。更顯明的例子是李光耀當了總理，使新加坡成了一個道地的華人國家，如果早年移民馬來西亞的華僑個個保有安土重遷的觀念，今天又哪來的新加坡？反推客家同胞，如果能在政治、經濟、教育上掌握更大的力量，自然能對客家文化給予更有力的推動。譬如客家話能否在電視、廣播電台上插足，全靠政策權力的掌握運用，才能取得播出權。而擁有雄厚的經濟能力，才能藉經濟資助，來推廣客家文化，就以編客語詞典、出刊客語雜誌而論，有經濟能力才能辦好雜誌編好書，才能發揚客家文化。

## 近程行動即知即行

至於近程行動，則必須即知即行，由意識已經覺醒的有志之士，在各階層裏貢獻一己的力量，積極爭取推展客家話的有利環境，下面提出五個行動要點：

(1)**爭取傳播媒體，推廣客家話**：傳播媒體是資訊時代的最便捷武器，由於它無遠弗屆也無孔不入，所以掌握了它，就取得了一切的優勢，看過《一九八四》這本小說的人，就明白未來資訊的可怕，當然也可以體會到傳播媒體是推展客語的第一步行動。其次報章雜誌的出刊，也是介紹、推廣和保存客家話的原動力，另外民俗、藝術的表演，也可以在潛移默化中把客家話純正而普遍的推展開來。

(2)**舉辦客語研習會**：除了上面所提爭取時效性強，普及性高的大衆傳播外，第二步要積極推動的是舉辦客語研習會，讓不太會說客家話的子弟，重新喚起記憶，改正錯誤，也讓對客家話了解不深的人，對自己語言的源流、演變，都有清楚的概念。尤其每年寒暑假期間，利用假期舉辦客語研習，使年輕子弟在課餘回鄉了解自己的語言文化，一方面連絡鄉情，一方面增進團結。

(3)**出版客家詞語典**：文字與語言是緊密結合在一起的符號，一個靠形象一個靠聲音來表達思想感情，如果說客家話的人，能有一本可資遵循或查證的詞語典，在找不到說寫依據的時刻，容易無奈地放棄，或借用其他語言的詞彙來替代，久而久之，自己的詞彙就忘得一乾二淨了。尤其今天交通頻繁，外來詞彙源源湧入，如果不快點整理一套適用的客語詞語典，不出十年，後生的客家人就只會說國語式的客家話了。筆者希望透過《客家風雲》雜誌的呼籲，能儘快結合島內熱心研究客語的志士，同心協力來著手進行調查整理。

## 成立客語教學中心

(4)**成立客語教學中心**：這個行動涉及的範圍較廣，執行不易，但如果可以實現的話，倒是既有效又實際的工作，那就是在說客家語爲主的鄉鎮區，設客語教學中心，或配合各地區教會，延聘當地耆宿，以曾讀過《漢書》的私塾老先生，教讀基本的客語書籍，如《三字經》、《昔時賢文》、《四言雜字》、《七言雜字》及《詩經》、《四書》等當年私塾裏的教本，從老先生的口音裏，可以揣摩出不少的客家語言特性，及一些快要散失的讀書音。如《詩·關雎》「窈窕」的「窈」唸〔meu〕與「貓」同音，「寤寐」的「寐」唸〔mi〕與「味」同音。都是現時客家子弟不會唸的讀音。其他日常用語如「蒔田」(插秧)、「孔竅」(路不平)、「尖車」(擠車)……都是有字有音而平常忘了怎麼用罷了。

以上從遠程及近程上替客家話運命，也只能舉其犖犖大者，其他細節的問題，要靠實際執行時即行即修，才能對客家話的命運有所幫助。當然，提昇自己的語言文化，切忌在態度上流於輕蔑或自傲，大家應以自己會說客家話爲慰，以自己是客家人爲榮，但也尊重任何其他的語言文化，且不可犯上自戀的毛病，認爲自己的方言是最美的、最雅的語言，其他的方言就是粗陋的、難聽的，這和當媽媽的認爲自己的兒女最漂亮一樣自「蔽」不通。能以此態度來認定誰是客家人，才是眞正的客家人。

# 客家話的面目

■羅肇錦

人心不同，各如其面，語言差異，因地有別。客家話經過長時間變化，受不同空間的文化、政治、社會的影響，也有不同的面目。以台灣客家話而言，「很累」一詞，就有好幾種面目，苗栗說成「當㾍」（音khioi），新竹叫做「㐱痁」（音thiam），屏東叫「蓋痁」，台北說成「當累」（部分錯誤說法）。

## 隨著強勢語言走，却失去古原義

這些不同的面目，都有它改變的原因，從台灣的語言環境去推究，「㾍」是漢語的古音義，早在漢朝揚雄的方言就有這個字，客家話延用以來，至少有兩千年之久。而「痁」和「蓋」，分別由福佬話借來，也沿習數百年了。唯有「累」這個詞，是受國語教育影響，都市裡的孩子不會母語，硬借國語詞彙來用，所造成的。

以這樣的面目所呈現的語言，有其方便的地方，也有其不便的一面。方便處，是隨著強勢語言走，讓大家容易學容易懂，不便的地方是失去古原義，無法用來溝通古文化，造成文化的流失，從而使方言保存的意義減低，更留給不重視方言的人最好的藉口。他們可以說，你們說的方言已經和國語差不多了，怎麼不乾脆放棄方言，大家用統一的國語，可以減少歧義，又可以方便溝通。例如前面所舉「當㾓」「眞店」「蓋店」「當累」四個詞之中，大家選用「當累」的話，會說國語的人好學又好懂，最後改成「很累」，不就與國語統一了。

然而，文化的可貴，就在於它具有多面性，才能豐富活絡，語言的意義，除了溝通情思之

●國語教育扭曲了客家話的特質。（劉還月／攝影）

外，須要在文化上扮演「解古通今」的角色，而每一個時代有每一個時代的語言，今天的各地方言，就是各個時代的語言所保留下來，我們在做「解古」工作的時候，就非靠這些方言保留的古音古義來推測解釋印證不可。如果放棄了這個方言原有的特質，我們就無從根據這個方言去解釋那個時代的文化了。因此站在文化的任務而言，客家話呈現了「當瘃」「眞痁」「蓋店」「當累」的多種面目，並不是一個很好的現象，如果大家放棄自己本有的「當瘃」而採用福佬的「眞痁」「蓋店」，那麼客家話特色就成了福佬話，既然這個特色是福佬話，那又何必保有客家話。同樣道理，如果不說「當瘃」或「眞痁」「蓋店」，一律改用「當累」，那就成了北平話特色，既然這個特色是北平話，那又何必保有客家話。

## 國語教育扭曲了客家話的特質……

研究遺傳工程學的人，最重視的是品種培育和選擇，但是他們面對許許多多的品種，第一重要的工作是，讓各個品種，保有原有特質，儲存在那裡，只選出一兩種適合於現階段發展的品種，加以培育改良。其他保有原貌的品種，也絕對不能讓它們變質或死滅。因爲人類生存的大環境，隨時隨地都在變化，今天適合成長的品種，明天氣候環境變了，變成不適合了，勢必要選取另一個更適合的品種不可；或者這個世紀很活躍的品種，換個世紀以後，突然全部死滅，就必須從其他品種裡面，挑選一個能夠在新世紀裡存活的來代替。所以儲存品種，保有原來特色是遺傳工程的共同信念。

語言在文化上的現象也是如此，必須保有母語的特質，才能藉著這些特質去解釋古文化，或以這些特質提供新文化所用，增進新文化的活力，豐富新文化的內涵。

在中國音韻歷史中，有一個很特殊的規律，凡是中古濁聲母，在國語、福佬語、客家話都變成清聲母（如b→p，d→t，g→k），但是變成清音以後的走向各有不同，國語是平聲變送氣清音、仄聲變不送氣清音（如「同」字聲母是ㄊ，「動」字聲母是ㄉ），福佬語是平仄都變不送氣清音（如「同」「動」都唸ㄉ），客家話是平仄都變送氣清音（如「同」「動」都唸ㄊ）。如果年輕一代的客家人，說不準自己母語，用國語的規則去唸漢字，把「動」「大」「杜」「弟」「待」「但」……等字的聲母，都錯念成ㄉ，而把客家話特質「濁音母變清音後統統變送氣」（如前面所舉「動」「大」「杜」……聲母都要唸ㄊ）的規則破壞了，那麼我們保留下來的客話，就沒有多大的文化意義了。

從這樣的立場出發，客家話一定要保有它原來的面目，才能算是客家話，這樣的客家話才有它文化上的意義。遺憾的是，台灣四十多年來的國語教育，把客家話扭曲得失去了特質，變得不三不四的多面目語音，更可悲的是，由於大衆傳播的壟斷，和學校教育的排斥方言，使客家話沒有生存的空間，不但非客家人沒有機會聽到客家話，連客家人本身也唾棄自己的母語，誤以為自己的語言沒有文化，不能寫成字，所以紛紛放棄母語，而改學國語和福佬語，才有發展的市場。幾十年下來，年輕的客家子弟差不多把母語都丟光了，紛紛以說好國語為榮，或會說流利福佬話為傲。殊不知，在文化承傳及語言生命中，客家話是絕不可少的一環，沒有客家話，中國文化會有一大段空白或變形。

基於以上迫切的理由，關心客家前途的朋友，正透過各種管道，集結力量，來為客家話的保存四處奔走，因為我們深深的了解到，如果這個工作不立刻開始，等語音已經變成多種面目以後，想再來挽救時，已沒有多大意義了。海內外關切客家文化的有志之士，一而再，再而三的提出嚴重的關切，都沒有得到政府合理的回應，只好大家團結起來，成立「台灣客家公共事務協會」，來為客家話保存，盡一分情，更為客家文化延續，負起承先啓後的歷史責任，使客家話的眞正面目，一直屹立在歷史文化的洪流裡。

——原載一八八〇年十二月廿九日《自立晚報》本土副刊

# 阿媽个話不能忘

## ——參加「台灣客家公共事務協會」有感

■羅能平

台灣客家公共事務協會于一九九〇年十二月一日成立，由海內外知名的鄉土文學作家鍾肇政先生出任創會理事長，創會短短的幾個月中，已召開多次理監事聯席會議，積極推動本年度的工作計劃，我們相信在他的領導下，台灣地區的客家人，將在最近的未來看到更多的客家話電視節目，聽到更多的年輕客家子弟能用客家話交談，客家話在台灣「復活」的機會就要到了。

台灣人「阿媽个話」包括「客家話」「福佬話」「原住民各族的話」，在台灣沒有能享有平等之待遇是事實，過去四十多年台灣的統治者顯然用十分偏差的語言政策，因此，在這個島上就僅存「北京話」大家都說是「國語」，想當年小學、中學是嚴禁說「阿媽个話」，統治者利用各語族的代理人(有人說他們是文明的敗類)，進行長期且有計劃的來消滅除了「北京話」以外的各族母語，再加上戒嚴時期某些特別恐怖手段，來對付反對統治者的善良台灣人民，因此在當時有多少人願爲了保護「阿媽个話」來得罪統治當局呢？根據有些單位調查，不要說客家這一族的青少年鮮能用流利的客家話與父母溝通，就是連福佬人的青少年也有相同的問題，更可憐且可悲的是有些年輕的一輩在心裡上存有說「北京話」是高人一等的不正常心態，此當然是統治者在台灣此地語言政策某方面算是「成功」，因爲此地的他或她根本就認爲「阿媽个話」是次等國民才說的話。

我完完全全不能同意過去四十年來台灣的「語言政策」，過去四十多年的統治者，所推行的單一語言政策是沒有人性及文化的大錯誤，他幾乎用強姦的手段來摧毀各語族「阿媽个話」我深切的相信台灣歷史文學家將會詳細記載有這一段黑暗文化語言時期曾經存在這個島上，台灣人何其不幸啊！當然客家語的一群人也更會明明白白且一代一代的告知其子孫這一段歷史！統治者四十多年前慘敗給共產黨，從中國退居到台灣是少數人，爲了方便日後統治，第一，他們想到如何消滅被統治者共同的語言一即各族「阿媽个話」，想想看，晚輩無法與長輩用母語溝通或根本無法對談，其親情、關懷、體貼都要變質了。第二，更嚴重的問題，經過長期的壓抑及有計劃的摧殘下，各台灣母語慢慢的變成少數老人說的話，因此原來少數的統治者語言，就將成爲多數了。試想台北市每次國會議員選舉，外省人能高票當選，其選票有一半以上是來自台灣福佬人及客家人，因爲居住台北市年輕的台灣人大部份都只說一種語言「北京話」，統治者的目的確實是達到了！筆者因生意業務上需要，過去十多年跑遍全世界包括，美國、加拿大、瑞典、英國、德國、瑞士、奧地利、澳洲、紐西蘭、日本等三十多國，有很多機會與其當地人交往溝通，發現當今全世界沒有任何一個國家的統治者會爲了推行某一「語言」而壓迫其他各語族人的「阿媽个話」。有人這樣說的，從近百年的歷史來看，客家人似乎是很喜歡「革命」的一族，因此之故，當今的台灣統治者誓必要完全消滅在台灣的客家人，則先消滅客家話，因爲「沒有客家話就沒有客家人」，這是很可怕的一招，台灣的客家人能不團結醒來嗎？

「客家人是正義之士」，很多的歷史書都記載客家語族的「硬頸」精神，其愛鄉土，保衛鄉織，犧牲奉獻的例子是不勝枚舉，我們台灣客家人沈默了四十多年，給當今的統治者夠多的時間，但不幸的是其對我語族文化有計劃的破壞似乎有增無減，有血性的台灣客家子弟是該振作，大家共同團結起來與統治者強烈爭取我客家語族自由使用「阿媽个話」的時候了，我們的目標是一致的，此戰鬥將是要長期進行了。台灣客家公共事務協會將不會妥協現今統治者失敗且無情的語言政策，盼望在「台灣客協」的領導下，共同爲客家文化、傳統來打拚！歷史上曾有民族爲了信仰而戰鬥百年，如十字軍東征，相信爲了保護母語，也需要與統治者長期抗爭，此一任務是神聖的、偉大的、正義的！尊重是互相的，語言的美與不美也是依其是否長期的被使用，用習慣了，自然就很美。根據很多的文獻記載，客家語族在全世界有伍仟萬以上人口，在東南亞大部份國家旅行隨時都能聽到說客家話的人，在歐、美及澳洲也是有很多機會與客家鄉親用客家話交談，且相談

●推廣母語，應該從小教起。（劉還月／攝影）

愉快，因此在台灣各語族是到了母語解放的時候了，爲了各語族母語平等相待，嚴肅要求台灣的統治者立即開放各廣播、電視媒體，依照其現有語族之人口比例，播放各語族母語新聞、氣象，體育、娛樂節目等。讓「阿媽个話」每天都能上大衆電視，多好！

推展「阿媽个話」是需要熱心人士多多參與，也需要很多基金做後援，筆者雖非富有，但有客家人勤儉的好血統，因此爲了響應此有千秋萬世歷史任務的大工程，願追隨前輩並積極無條件的奉獻自己的能力，時時爲台灣客家人、客家話、客家文化、客家事務共同奮鬥打拚！

做一個新个客家人，除了要積極展開解放母語運動，同時也要關心台灣的政治活動，對任何不公不義的政治主張，也要展開嚴肅的批判。

——原載一九九一年七月廿八日《自由時報》〈客家人月報〉

**作者簡介：**

羅能平／筆名能平，一九四九年生，桃園縣楊梅鎮人，淡江大學工商管理學系畢業，現任台灣纖維股份有限公司董事長兼總經理。一九八八年間于《自立晚報》〈言論廣場〉以筆名能平發表〈勞動力與國力〉、〈失敗的台灣人口〉及〈台北交通卻不通〉。

# 正視客籍人士的母語運動

■黃宣範

最近幾年弱勢的語族如原住民與客家人曾一再建議政府重視母語教育，開放電視、電台的方言節目，一九八八年九月間世界客屬總會再三致函新聞局，要求開放電視客語節目，新聞局以「有實際因難」回覆。客屬總會對此表示強烈不滿。過去三個月客藉人士多方奔走，大聲疾呼之下，台視已決定明年元旦起一週播出每一次半小時的客語節目。這雖然是四十年來語言政策「鐵窗」中的一線曙光，其象徵主義的性質究竟濃於實質的保障，因此客籍人士在十二月二十八日發動一項規模壯大的母語運動大遊行，抗議政府一再漠視台灣二百五十萬客族人口的心聲，並希望藉立法的手段制定新的語言政策，修改充滿愚昧主義的廣播電視法。

## 「推行國語」極具排他性

四十年來，台灣的語言政策是極具排他性的「推行國語，禁止方言」的政策，「國語」是以北京話爲基礎的混雜語，在四十三年前開始推動時，它基本上是個外來的語言。由於台灣幅員小，推行國語的這項社會工程四十年之間成效頗著，至少與日領時期推行的日語運動相互比較的話。一九三二年時日本人在台灣已推行了三十七年的日語，但當年台北市的日語家庭僅佔人口百分之二；今天在台北市國語家庭至少在百分之二十之上。但是，另外一方面，由於國語政策的設計者與執行者狂妄無知，以爲欲求國家的統一與建設必須獨尊國語，貶抑方言，否則無法竟其功。在四十多年前這種無知也許可以饒恕，但是到了一九七五年新聞局送廣電法草案交付立法院審議時幾乎所有與會的立法委員無不重複相同的論點，謂「語言統一不僅情感互通，地方畛域，亦自然消除，……民族精神之統一團結應以統一國語爲主力。因之，在本法中必須確定國語統一政策，強調此一政策，對於國家建設前途以及反共復國大業，實具有莫大之深遠意義與裨益」。(民國六十四年六月三十日立委魏佩蘭語)，試看近幾年來弱勢語族人士的呼籲，抗議，再看世界先進國家六〇年代以來採取的各種雙語政策，已足以理解現行的國語政策，不但未能消除地方畛域，而且當今語言社會學者的研究也不足以確立國家之建設與語言之統一之間有必然的因果關係。更可悲的是現行的國語政策已經使得山地籍和客家籍大學生不懂自己的母語的比例分別爲百分之四十與百分之二十二。方言是文化資產之一，此爲舉世先進國家有識之士的共識，而國內職司文化、教育的有關單位却都一直置若罔聞。這樣的幕僚機構行政院不要也罷。

理論上任何一個方言都可以成爲一國的官方語言或國語，我們今天固然不必質疑何以當初必須以北京話爲國語，但是凡是知識份子都應該認知只要政治氣候適當，台灣也可以如多數民主國家一樣成爲一個容許多國語或多官方語言的國家，甚至在第三世界，多國語的國家也是俯拾皆是。例如一九八六年十一月海地的土語升格爲海地的國語之一；一九八七年八月西藏語在中國的集權制度下經過激烈的抗衡，也成爲西藏地區的官方語言之一，與普通話同一地位。

## 民主國家應容許多國語

台灣現行的國語政策封閉了各語羣之間相互學習對方語言的機會與意願。以台北市年紀在三十歲左右的青年爲例。凡是母語爲福佬語而不懂客語的高達百分之九十八，以國語爲母語而不諳客語者高達百分之百，不諳福佬語者約達百分之三十八。這一方面新加坡再度表現了「新加坡能，而台灣不能」的新加坡現象：新加坡各語族之間相互學習對方語言的意願相當高，其證據爲：假定「溝通指數」是指一個地區或國家中任何兩個人能用某一個語言的比例，以 $I_{am}$ 表示之，其中I是指數，a是會該語言的人口，m是該國人口總數，溝通指數的公式爲 $I_{am}=P(am)^2$。國語目前在台灣的溝通指數約在零點四九左右(在四十年前是零)，而新加坡境內所有語言的溝通指數都相當高，近乎台灣的國語指數：馬來語爲零點四五三，英語零點三八一，華語零點四〇八，廣東話零點三九，福佬話零點六〇七。這些數字說明一個極重要的事實：新加坡境內各語羣之間相互溝通的方法是相互學習各種不同的語言，而不僅僅是只學習一個定於一尊的國語，並且貶損其他的語言。

## 丟棄愚昧主義的廣電法

台灣要如何才能達到「新加坡效果」？答案很清楚，也很簡單：尊重有識之士的看法，接受現代社會學者的研究結果，丟棄愚昧主義的廣電法，開放方言，實施雙語教育。廣電法的箝制，斷絕了台灣或外省人學習其他方言的機會與意願，在法律上它更是個充滿歧視精神的惡法，它的受害者包括了所有居住在台灣的同胞。因此凡是對這些問題作過思考的人都應該響應客籍人士發動的語言訴求。

雙語教育有各種不同的型態，在教育制度比較靈活自由的先進國家已經實驗過深淺不同程度的雙語教育，最起碼的雙語教育是在小學階段對弱勢語族施以母語教育或半母語教育，以期培養母語的尊嚴。在學習心理上，雙語教育甚至三語教育的效果早有定論，毋須在此複述。在政治倫理上，雙語教育的目的是把政治、經濟資源由各個語羣平均分享，使弱勢語羣較爲公平地參與政治過程，目前國內對於雙語教育尚無共識可言，這至少有二個原因：一方面是由於現行的國語政策尚未眞正被批判過；一方面是當前的政治結構極不合理，許多問題從來就沒有被討論的機會。所幸這一、二年來雙語教育的呼聲已從民間逐漸轉入議會，成爲議題之一。無論中央或地方民意代表對國語政策的偏差已多有指陳。他們提出主張，希望修改廣電法，放寬傳播媒體的方言限制，在基礎教育階段開放雙語教育，把方言納入教育，成爲正式課程，使我們能培育出對各個不同語族的語言文化多一點了解與寬容的下一代，建立一個眞正多元文化的社會。

## 人文價值的追求與關懷

雙語教育不只是指對弱勢語族實施母語教育，也可以指對優勢語族實施他語教育，在這方面最具想像力與實驗精神的當推加拿大。加國一方面對少數語族（如華裔）實施「維護母語」的雙語教育，也對以英語爲母語的優勢語羣實行浸淫式的外語教學（主要是法語）。到了小學階段的後期，這二種學生都成爲相當「平衡」的雙語人才。（這對國內有心的私立小學校長應該是個很好的思考題材。）

雙語教育最根本的哲學理念不僅僅是爲了追求一些實際的目的（如上所述，它的實際效果的確也很可觀），而是一種人文價值的追求與關懷，這本身就是教育最重要的目標之一。對於一個追求人文價值的人，文化的多元性是一種至善，需要持久的呵護與關注。

文化的獨特性、原創性一向是人文價值的根本，但由於現代思潮中唯物思想的腐蝕，因此更需要整個社會長期的關懷和肯定，尤其是政治上受壓迫的劣勢語族的語言和文化。我們不必否認懂得國語或其他強勢語言有許多實際的功用，但我們不該縱容強勢的語言文化去取代或消滅弱勢民族的語言文化。雙語教育就是這種既可以使弱勢民族學習強勢語言，又能保護少數民族的語言文化於不墜的教育政策。它維護人類存在中最珍貴的價值之一，即文化的多元性、眞實性、創造性。如果這種人文價值的確值得追求的話，我不懂爲什麼會有人反對雙語教育，這些人顯然沒有思考過這些問題，而企圖把國家統一與語言統一相互掛勾的想法則早已被證明爲毫無科學的證據，不堪一擊。

## 政策不可訴諸於多數決

值得強調的是雙語教育或其他涉及弱勢語族權利的政策都不可以訴諸多數決。易言之，我們絕對不可以由於多數人反對某一語言政策而加以否決，現代的法律思想特別重視這種自由主義的價值觀，凡是某一對立意見，其多數或少數之間的關係如果沒有變動的可能，亦即有所謂「永恆的少數」的情況，那麼多數決的運作就必須嚴予限制，例如台灣客籍或原住民在人口、政治、語言、文化上永遠處於劣勢，幾乎沒有由少數轉爲多數的可能，則政府或議會斷然不可藉多數票決限制少數民族之語言權益，不幸的是現行的國語政策顯然違反了這個精神。客籍人士挺身起來抗議是應該的，也是必然的。同時客族意識的覺醒，一向荒蕪的客語文化的研究也亟待開發拓墾。隨著台灣社會主體性的建立，台灣語文的研究也將獲得它應有的地位。關心台灣文化的知識份子都應該一起支持客籍人士的母語運動，共同開創本土文化的精神版圖。

——原載一九八八年十二月廿八日～廿九日《自立晚報》政治版

**作者簡介：**

黃宣範／台灣省台南縣人，一九四一年生，台大外文系畢，美國俄亥俄州立大學語言學博士，現任台大外文系語言教授，著有《翻譯與語意之間》（聯經），《語言哲學》（文鶴），《語言，社會與族群意識》（文鶴）等書。

# 客家語言的困境和轉機

■黃恆秋

台灣本土語言的環境裏，客家語言的生存條件可以說危機重重，這些有形與無形危機的造就，不能否認乃客家人自我定位的模糊，在瞬息萬變的現實社會中，因交友通婚而隱蔽了身份，因忙碌謀生而慌亂了身心，另一項重要的因素則是當今「國語」獨尊的教育體制下，客家人自認是少數族群，開口不是國語就是福佬話，往往忽略了自我母語尊嚴的堅持，久而久之，簡直置客家語言的生機於死地。

我們不必過於強調客家語言如何生動美妙，事實上任何一種母語的傳承，必有其歷史血緣演變的脈絡可尋，本土語言的可貴，起碼是生長於台灣這塊土地上每一位子民值得珍惜的寶藏，拿它來塡詞作曲，或者賦詩歌詠，絕對不亞於各種外來語言，由此說來，客家人口裏的話語，其生活應用價值與創作空間，顯然不曾也不會因爲使用人口的多寡而揚昇或貶低，尤其在多元化的民主潮流沖激下，學習多種語言更能增強自身才能的發揮，有百益而無一害，豈可暗自設限反而責怪其他族群的壓抑或譏諷。

從上述幾個現象來觀察，客家語言的危機只

不過是整個台灣語言系統普遍面臨的困境，有些許客家人封閉心態被打開的悲情，也有些許客家人適應新時代的無奈選擇，因此開始不停地埋怨客家人的地位不如原住民受重視，感嘆客家人的聲音不能在政治經濟舞台上，展現出屬於自我族群的主張。

筆者最近旅遊中國五省，沿途聽過十數種地方語言，當蘇州人提出「寧願聽蘇州人吵架，也不願聽寧波人講話」這種說法時的神情，我仍能感受到他們推崇自我母語尊嚴的努力，話雖如此，寧波話依然旺盛的被使用著，江浙兩地也不見得有什麼隔閡，在台灣的我們，卻因爲許許多多被編織的神話，將本土語言的傳承落入教會或抗爭團體手中，眞令人憂心神傷。

語言本來是人們彼此溝通的工具，當它活動於腦裏則成思考的意念，當它從聲帶發音則成話語，當它書寫爲符號則成文字，這三個層面的意義必然要建立於共通的群體意識中，從這個視角來分析客家語言的處境，不論做爲思考的語言或口語、書面語，已經難能負荷台灣人繁複多變的生活方式，如果客家人失落了客家語言，那麼散居於世界各地的客家子弟，該如何重新扮演自己的角色呢？

答案當然是肯定的，身爲台灣主人的一份子，客家人爭取一個轉機也期待一次蛻變，積極結合兩千萬本土子民的力量，相互尊重相互提携，把雙語教學的推動做爲文化振興的訴求，大量開放並普及客語導向的傳播，實際參與、統合客家組織爲子孫謀求長遠的福利，都市型的客家人也好，鄉野型的客家人也好，更應迅速破除心理的障礙，隨時隨地以靈活地操作母語爲榮，讓每個客家人的氣質意志，繼續散發出特有的活力和精神內涵。

——原載一九九一年四月廿四日《自立晚報》本土副刊

**作者簡介**：

黃恒秋／本名黃子堯，一九五七年生於苗栗銅鑼，擔任滙流詩刊主編、笠詩刊社務委員與模具公司廠長，著有詩集《露點螢光》、《葫蘆的心事》、《寂寞的密度》、《擔竿人生》等。

# 講客話，救客家

■梁榮茂

佔台灣總人口約四分之一的客家人，是一支古老而優秀的族群，在中國歷史上曾扮演過輝煌的事蹟；近三百多年來，對於台灣的捍衛、開拓與建設，曾流汗流血，犧牲性命，其貢獻不可謂不大。然而這支弱勢族群，在政治、經濟、社會資源等方面，却未享有應享的權益；不僅此也，如今客家語言、文化已逐漸走向消失之途，客族在台灣的處境已岌岌可危。

由於執政當局語言政策的錯誤，因此在最具影響力與壟斷性的電視媒體上，除了近一年多以來，在台視每週半小時的客語「鄉親鄉情」點綴性的節目（編按：新近增加了掛羊頭賣狗肉的「客家新聞」節目）以外，再也看不到任何客語節目，無疑的，這就阻絕了客家話發展的空間與競爭的能力。在公共場合中也聽不到客家話，到了台灣中南部，宛如進入異邦，許多福佬人連聽都沒有聽過客家話。這樣，客家話又如何能推展呢？所以爭取電視媒體增加客語節目時間，是當務之急。

其次，有許多客家人，由於環境的因素或自卑感作祟，深怕暴露自己的客家身份，而招致莫名的鄙視與欺負，出外就不敢講客家話，久

●生爲客家人，應以自己的民族爲榮。（劉還月／攝影）

而久之，回到家裡也用福佬語或北京話交談，於是造成當今許多客家青年子弟都不會講客家話，縱使他們有心學習也無處可學。不出三十年，當老一代逐漸凋零後，會講客家話的人必定所剩無幾了。如此，客家話那有不滅之理？

爲今之計，最有效而可行的方法是：

㈠**人人要做心理的重建**：生爲客家人絕無可卑可恥的地方！更要讓下一代瞭解客家人向來有勤勞、節儉、忠誠、團結等等值得發揚與驕傲的美德，這樣便可提振他們的勇氣、自尊與信心，於是下一代就會願意學習客家話了。

㈡**人人要以身作則**：大人在家時時講客語，可以增加小孩學習的機會，這也是人人能力所及而又是最簡便的方法。況且多學一種語言，就多一種生活的工具，常有意想不到的妙用，何樂而不爲呢？歷史告訴我們：當一個民族的語言、文化消失後，隨之而來的便是「亡族滅種」之日。所以凡我客族，人人都要心存危機意識，時時刻刻都以保存客家語言、文化爲己任，也就不愁客家話沒有發展之日了。

就經濟方面言，客族來台較晚，人數又少，肥沃的平原良田、都市都給福佬人先佔了去，所以客族大多分佈在窮鄉僻壤的山區，甚或住在「番界」邊上，(七、八十年前的「生番」還要獵人頭的，多危險啊！) 大部分是當傭工、佃農或出外當學徒，靠勞力或手工藝謀生；因此，後來從事木匠、泥水匠、理髮等工作的最多，在鐵路局服務的也不少；家境略優能念初中者，絕大多數立志報考公費的師範學校，以期減輕家庭負擔，畢業後又馬上有工作。貧窮的客家人靠著勤勞、節儉而白手起家以至於小康，大多也僅止於小康而已。近半世紀以來，擁有數十億以上財產的客籍大財團，能有幾人？大財團，一則能提供就業機會，造福鄉梓；二則若是他願意，可以自己或支持他人出來競選公職。(當今選風敗壞，不花大錢而能清清白白當選的，已成爲神話。) 三則可以資助文化社團活動，推展客家文化。但目前，在客籍人士中，有這種經濟能力的大財團少之又少，客家文化之所以自生自滅，沒有雄厚的財力也是原因之一。另外，所謂的「客家大老」及客籍之在朝權貴，又無領導與整合能力，那麼，又有誰來替客族爭取權益呢？弱小而可憐的客家人啊！團結奮起、自我圖強，此其時矣！

——原載一九九一年五月十五日台大《客家》創刊號

**作者簡介**：

梁榮茂／一九三八年生，台灣新竹人。現任台灣大學中文系教授、HAPA副會長。專研中國先秦諸子及兩漢文學；最近特別關心客家語言、文化之前途，今後將在這方面略盡棉薄之力。

# 客家話在台灣

■楊國鑫

客家話，據董同龢先生的研究，是漢語的十一支系之一。而客家話的研究至今仍未出現較完整的整理與分析的文獻。當然，客家話的研究，要用到許多的時間、人力與金錢。就如，要得到世界各地的客家話使用情況即不容易。

## 客家話研究文獻

現在我們較常見到的客家話研究有：廣東中山大學羅翽雲的《客方言》（鍾肇政先生重刊改定名爲《客家話》），這是一本客家語詞的研究，內有不少客家語詞的整理與分析。新竹師院羅肇錦的《客家語法》及《客家方言》。中央研究院楊時逢的《桃園客家方言》及《台灣美濃客家話》，這較著重於字音的研究與音韻的比較，如《桃園客家方言》即由楊梅鎭的客家話四縣腔與客家話海陸腔比較進行研究。另有楊福錦的《客家方言》及日人橋本萬太郎的《客家話的音韻、構詞與語法》。還有黃基正先生的《客家語言研究》及《客家字音表》等。

我們偶而能聽到老外說客家話，感到非常稀奇，其實，他們不是傳教士就是一些研究學者。他們不但會說客家話甚至會唱客家山歌，有的更把客家話編集成書，以便後學之人，如美國天主教神父拜爾德爾著有《客話易通》及《客話淺句》，法國籍天主教神父賴里查斯著有《客法詞典》，英人麥基威爾著《客英詞典》，及許多其他的《客英辭典》及《客英大辭典》等的出版，方便老外學習客家話，也有錄音帶的製作，至於字（辭）典方面幾乎都以羅馬拼音文字方式。

## 客家話的來源

前面提到，客家話是漢語中的一個支系。客家人的祖先，都是從中原來的。直到今天，我們仍能在客家話中找到許多古音。例如《詩經》是中國最古早的一部詩歌總集，其中的用韻，用現在的國語來唸是無法唸出其聲韻，而用客家話來唸卻能分辨得清清楚楚。例如《詩經》裡「雙」、「庸」、「從」三個字是叶韻的。而現在的國語「雙」字是「ㄤ」韻，「庸」、「從」兩字是「ㄥ」韻。只有客家話「雙」字讀作ㄙㄨㄥˊ，「庸」字讀作ㄧㄨㄥˊ，「從」字讀作ㄘㄨㄥˊ，三個字仍同屬一韻。又如在《離騷》中，「降」字與「庸」字叶韻。在客家話裡，「降生」的「降」字即讀ㄍㄩㄥˋ，與《楚辭》的用韻完全相同。

客家話裡，雖然包含了上古至近代的語音，然客家話整個語音系統的構成，却在宋代時期，也就是說，現在的客家話是由宋代至今，數百年來並未受到多大的變化，即客家話是宋音的遺留。

## 客家話的地位

一般報章雜誌常提到「台灣話」，「台灣話」有兩種解釋，一種是指福佬話或稱鶴佬話，另一種解釋是「台灣話」包括福佬話、客家話及原住民話，甚至有時把國語（北京話）也列入，即居住在台灣的人民所使用的語言，而台灣現在國語的使用佔最大部分，接著是福佬語、客家話及原住民話，如此即可看出客家話現在在台灣所具有的地位是如何。

那客家話有多少人在使用，據估計現在有三千五百萬到四千萬的人在使用，主要分佈在中國的閩、粵、贛三角地帶，台灣、東南亞各國之中，而在台灣以桃園、新竹、苗栗、台中、高雄、屏東、花蓮、台東爲主大約有四百萬人。

清朝末年，太平天國洪秀全在廣西桂平縣金田村起義，並以民族大義號召天下志士，反抗滿清統治，民衆群起響應，一時軍力大增，破武漢，克南京，定南京爲國都，改名天京，分封諸王。而太平天國諸王洪秀全、楊秀清、韋昌輝、石達開、李秀成及軍隊中大部分爲客屬人士，一時客家話盛行，而稱之爲「天話」。

## 客家話的腔調

時常聽到有人提及，客家話有許多腔調。在台灣的客家人，大部分都是來自廣東東部的方言區，在清代時期是嘉應州、惠州和潮州等地。而有客家話四縣腔、客家話海陸腔、客家話饒平腔。所謂四縣是指嘉應州所屬的興寧、五華、平遠及蕉嶺等四縣，當時的府城即現在的廣東梅縣。所謂的海陸是指惠州的海豐及陸豐兩縣。所謂的饒平是指潮州的饒平縣。也就是以祖籍的地名爲腔調名。客家話四縣腔與客家話海陸腔，除聲調之調值及調類互不相同以外，其他聲韻母方面相差並不大。

爲什麼客家話會產生許多腔調？筆者與許多專家學者討論得到，最初的客家話只有一種，即現在的四縣腔，我們稱之爲標準的客家話，即較純的客家話，這可由嘉應州的興寧、五華、平遠、蕉嶺及梅縣等縣是純粹的客家人住縣得知。惠州的海豐、陸豐兩縣並非純粹的客家人住縣，而有許多的福佬人及當地的土著，混音的結果，海陸腔漸漸由四縣腔演變而成。至於饒平腔，饒平縣亦不是純粹的客家人住縣，而是在四縣腔、海陸腔及福佬話的三角地帶，而產生饒平腔，饒平腔筆者實地聽聽，的確感到有四縣腔、海陸腔及福佬話的特色在其中。

## 客家話在新竹

再進一步了解到四縣腔、海陸腔、饒平腔的情況。以新竹縣爲例子，翻開新竹縣客家籍的開墾史蹟：

雍正三年，粵省陸豐縣人徐立鵬到竹塹埔西北約二十里之紅毛港新莊仔開墾，是謂新竹客家籍移民之始。接著有海豐縣、鎭平縣、大埔縣及饒平等縣的移民者進入新竹。如此了解到，新竹有四縣腔、海陸腔及饒平腔。

新竹地區，新竹市及竹北鄉的左半部爲福佬籍移民爲主。關西以嘉應州移民爲主。湖口、新埔、芎林、竹東、橫山、北埔、峨眉、寶山等地以惠州移民爲主。竹北六家地區以潮州移民爲主。

現在新竹縣，除竹北左半部爲福佬籍，尖石、五峰爲山地鄉外都爲客家莊，關西爲四縣及海陸各半，其他地區以海陸腔爲主。至於尖石、五峰兩山地鄉也有不少的客家籍以海陸腔爲主，就山地同胞而言有不少能操海陸腔。至於饒平腔，以竹北六家地區及芎林的上山、紙寮窩等地爲主，然仍限於在宗族之間使用。另爲何當初關西開發以四縣腔爲主，今爲四縣腔與海陸腔各半，乃因關西附近鄉鎭以海陸腔爲主，及整個新竹客籍以海陸腔爲主，所以到了關西，四縣腔及海陸腔使用情況皆很普遍。

## 客家話使用情況

筆者在走訪收集資料時，與芎林鄉的徐庚堯先生（一九二四年生）交談，他告訴筆者，他的祖籍是廣東省嘉應州鎭平縣塹園楓樹下，我說您以前在家裡是不是用四縣腔？他說以前與父親交談完全用四縣腔，但後來與子女們漸改用海陸腔，乃因客家話海陸腔是芎林鄉「官話」，可是對於特殊的字詞仍用四縣腔，如對親族的稱呼等。像徐庚堯先生原是用四縣腔而後改用海陸腔，這種例子在芎林鄉有不少，也有至今在家仍用四縣腔而在外用海陸腔的。

饒平腔的使用在芎林鄉以文林村紙寮窩劉姓及上山村的林屋爲主。祖籍爲廣東省饒平縣東山鄉齊清樓麻竹下的芎林鄉上山林屋，芎林鄉中央厝。芎林鄉上山林姓，以前芎林鄉鄉長林祺業爲代表，芎林鄉文林村紙寮窩劉姓，以前芎林鄉鄉長劉家固爲代表，他們在家裡仍使用饒平腔。

## 客家話的堅持

這使我想起，客家人散居在福佬人較多的地區裡，仍有不少的客家人堅持在家庭中使用客家話，這種情懷眞令人感動與敬佩。

據台灣福佬話研究專家洪惟仁先生的調查，嘉義縣溪口鄉是個客家莊，但居民已經不會講客家話了，但對於親族的稱呼還用客家話。雲林縣二崙、崙背也有客家莊，居民在家族中還堅持用客家話，但這種客家話和桃竹苗的客家話完全不同，屬於詔安腔，也嚴重的福佬化。

芎林鄉以海陸腔爲主，乃因移民多來自廣東省惠州府的海豐縣，然也有不少的四縣腔移民在家用四縣腔，及饒平腔的移民在家用饒平腔。而在有些客家莊，是以四縣腔爲主，那海陸腔及饒平腔即在家裡才使用或對同宗才使用。

筆者在實地調查客家話時，聽芎林鄉紙寮窩劉姓的媳婦講一個笑話，他說以前有一個剛嫁到劉姓人家當媳婦的姑娘，她原操海陸腔的，有一天，她的婆婆叫她把屋內滿了的尿桶，挑到「茄」下倒了，而她卻挑到了「橋」下倒了，後來她婆婆發現了，才告訴她是挑到「茄」下，不是挑到「橋」下，原來「茄」的饒平腔與海陸腔中的「橋」是同音，所以才發生此誤會。

## 客家話在台灣

客家人在台灣並無純客家住縣，大致以桃園、新竹、苗栗、屏東、花蓮較多，台中、南投、彰化、嘉義、高雄、台東等地亦有，而台北市有四十萬左右的客家人。以鄉鎮市而言，客家人分佈有桃園縣的觀音鄉、新屋鄉、中壢市、平鎮鄉、楊梅鎮、龍潭鄉。新竹縣的新豐鄉、湖口鄉、竹北鄉、關西鎮、新埔鎮、竹東鎮、芎林鄉、横山鄉、寶山鄉、北埔鄉、峨眉鄉。苗栗縣的苗栗市、頭份鎮、卓蘭鎮、大湖鄉、公館鄉、銅鑼鄉、南庄鄉、頭屋鄉、三義鄉、西湖鄉、造橋鄉、三灣鄉、獅潭鄉。台中縣的東勢鎮、石岡鄉、新社鄉。南投縣的國姓鄉。高雄縣的美濃鎮、六龜鄉、杉林鄉、甲仙

●四縣腔是較純的客家話。

鄉。屏東縣的高樹鄉、萬巒鄉、長治鄉、麟洛鄉、竹田鄉、內埔鄉、佳冬鄉、新埤鄉。台東縣的池上鄉、鹿野鄉、關山鎮。花蓮縣的鳳林鎮、瑞穗鄉、吉安鄉、玉里鎮、壽豐鄉、光復鄉、富里鄉。

桃園縣的楊梅鎮、新屋鄉、觀音鄉以海陸腔爲主，但有不少的四縣腔，中壢市平鎮鄉及龍潭鄉以四縣腔爲主，海陸腔很少，然中壢市爲工商發達都市，又接近福佬莊，所以在中壢市使用福佬話的頻率很高。新竹縣幾乎都以海陸腔爲主。在苗栗縣以四縣腔爲主，海陸腔及饒平腔不多。在台中縣的東勢鎮、石岡鄉等以四縣腔爲主，然有不少的饒平腔及海陸腔。彰化、雲林及嘉義的客家莊，有些仍在家裡使用客家話，但有些已經改用福佬話。高雄、屏東的六堆客家莊、是台灣最早的客家移民地，當初大都自廣東省嘉應州的興寧、五華、平遠、蕉嶺等縣而來，所以在高屏地區的客家莊，幾乎全爲四縣腔。筆者一九八八年二月到美濃同學家遊玩，他家人告訴筆者，你所講的海陸腔，在這裡很少人使用，譬如街上的黃醫師即用此腔調，然他們是從新竹搬到這裡來的。這使我想起，文學家鍾理和先生的長篇小說《笠山農場》，其中有提到，美濃、旗山附近有些客家人使用的客家話腔調不太一樣，他們是從北部搬來的。至於花蓮、台東的客家莊，是民國初年從台灣西部的客家莊移民去的，花蓮、台東以桃竹苗的移民爲主，台東也有不少的高屏六堆移民，花蓮，台東大致上言以四縣腔爲主，又花蓮、台東的客家莊受福佬莊的影響，大部分的客家人亦能操福佬話。

在台灣的客家話可說是以四縣腔爲主，然在台灣北部的四縣腔與南部的四縣腔，有些許的差異，在一些特殊字的用法不同，在聲韻方面並無多大差異，特殊字方面如高屏六堆地區的「蓋」字常使用，在北部卻極少見到。

至於海外華僑客家人的客家話，仍以四縣腔爲主，但有些客籍華僑的客家話已經殘缺不全。不過，客家話在海外某些地區卻非常流行，如筆者的一位馬來西亞華僑朋友，他是福建人，雖然不是客家人，但在上市場買菜時仍用客家話。

客家話在台灣北部有四縣腔、海陸腔、饒平腔。可是有很多的人能同時操四縣腔及海陸腔，即四縣與海陸雙聲帶，也有少數人能四縣、海陸及饒平三聲帶。高屏六堆的客屬人士僅使用四縣腔，少有四縣，海陸雙聲帶，四縣、海陸、饒平三聲帶更少。

筆者計畫製作一個錄音帶，找四個人，找許多字、許多句子及許多文章，分別以國語、客家話四縣腔、客家話海陸腔、客家話饒平腔發音，對照來聽，將可淸楚了解到各種腔調的異同，在聲韻方面的差別，在特殊用字用詞的不同，對各種腔調的學習與研究將有所助益。

撰稿期間時常收聽各種廣播電台的客語節目，有台灣廣播公司、警察廣播電台及中國廣播公司、正聲廣播電台等，這些電台的客語節目以播放客家山歌爲主，主持人多能說出流利的客家話，可惜有些主持人常在客家話中加上不必要的國語，聽起來實在很難過，這種現象在福佬語的節目中卻極少見。自由中國之聲對海外的廣播，其中有比例不少的客語廣播節目，而國內的客語廣播節目卻少得可憐。

## 客家文學

一種語言，蘊育出一種歌謠文化，沒有錯，客家話也產生了許多歌謠文化，例如客家山歌、客家童謠等。客家山歌是屬於即興歌曲，如老山歌、山歌仔、平板及美濃調等，產生了特有的客家文學，七言四句的特有歌詞以愛情、勸善、歌頌自然等為主。客家山歌保存了古老鄉土的客家話。客家童謠大多用唸的，極少用唱，筆者實地調查現在的小孩子，發現到有很多的小孩子根本沒有客家童謠，有的也是只有一兩條，這是不重視鄉土教育的結果。

客家話雖有四縣腔、海陸腔和饒平腔，然唱起山歌，都是用四縣腔唱出，是一種正統的唱法。可是說到客家童謠、四縣腔、海陸腔及饒平腔都有其自己腔調的童謠，蓋客家童謠乃小孩子學話輔助及生活情趣的表現。

## 客家話的保存

鍾肇政先生在走訪美國各地時，感到在美國的客家鄉親，仍非常著重自己的語言文化，對小孩子非常執著地教自己的語言，然而小孩子漸漸長大以後，情況便不樂觀了。其實，不光在美國如此，在台灣非客莊地區亦如是，就連客莊地區有些家庭以國語取代客家話，這使我想到，客家話是否將要消失了，縱使不消失，也將失去許多客家話本身所具有的特色。

記得，唸小學的時候，班上說客家話的同學要接受「請說國語」的牌子，當你接到「請說國語」的牌子時，即想辦法逮住班上其他同學講客家話，而把牌子送給他，當時這種牌子的流傳率還眞高。後來到了國中，雖然沒有「請說國語」的牌子流傳卻有糾察隊的同學，發現同學說客家話即把名字登記下來，送到訓導處。

方言的保存，是很重要的，刻意的消滅方言是罪過，無意的摧殘也是罪過啊！

語言學家常說：「語言就是文化」，一點都沒

●客家山歌屬於即興歌曲。(劉還月／攝影)

錯，在海外就有許多華語學校，這即保存中國文化最直接的方法，一個人失去其本身的語言文化，將失去其「根」。

筆者走訪許多客家地區，發現大部分的老人都不喜歡看電視，這原因很簡單，他們根本就看不懂電視，主要是聽不懂電視的發音語言。而他們就做做手工藝、乘涼或與朋友聊天打發時間等。可是，有一天生病了或身體不好了，只能有靜態的活動，電視又看不懂，電台的客語節目又少，子女們又各自忙自己的，這時候他眞是寂寞難耐了。

## 結論

如此，即將完成此篇時，筆者感到，客家話的保存與發揚是刻不容緩，也建議廣播電台增加客語節目的時段，以及電視台製作客語節目，正視客家同胞的語言文化。此時，筆者在想，何年何月何日？我們坐在電視機前，可以欣賞到屬於客家文化的客語節目。

——原載一九八八年二月《三台雜誌》

# 新客家人的母語困境

■陳板

自從軍人在反軍干政的社會運動中獲勝之後，我不像前一陣子一般，突然對社會運動感到不耐煩（至少是無力）起來，反而想自運動的熱潮中沈靜下來，好好地看看自家的土地，自家的親人，自家的鄰人，自家的村子社區，自家的語言習慣。也許這種重新認識的期待的念頭，已不在於如何運動，如何鼓吹，如何組黨結社，而僅僅是一種對平平凡凡的生活的嚮往。

尤其像我這麼一個自十餘歲以來便離開客家庄浪跡他鄉的「新客家人」而言，昔日蘊育我的家鄉，竟幻化成今日我的回憶、幻想的所在而已，眞正的家鄉的點點滴滴逐漸離我遠去，我感覺我只是一個沒有客家人細部的「新客家人」。我這種身分除了使我感到格外有一種對客家文化維護的迫切需要之外，實在沒有資格去談論客家文化該如何走，新客家人該如何維護客家文化的種種……

也許，也正因爲失去，才特別覺得自家根源的重要，客家人長期受到各式各樣的牽絆阻擋逐漸尾隨著曾經是主人的平埔族人煙消雲散，許多人對目前客家人的情境並不感到憂慮，說

「時到時當」。然而看到自家的客家朋友弟妹們逐日遠離客家，遠離根源，甚至遠離像我這種半桶水客家，我沒有理由不思索關於客家的種種。

其實，今天客家人面對的問題，並非爲客家人所專享，還有福佬人、原住民甚至眷村族也都在此時此地捲進相同的暴風圈中，看來這已不是一個單純的語言流失問題，而更是一個較大層面的結構性問題。

我的女兒在七個多月前的一個中午貿然闖進這個結構中，她降生的世界是一個雜有國語、河北地方語、新竹客家語、劇團福佬語以及偶爾的美語、德語的多語言社群。眞不知她的「母語」該算是那一種？

以前在事務所上班時，有一個女同事是印尼華人，除了印尼語及標準的華僑國語之外，她還可以聽懂福佬語、客語，英語自然更不用說了，連德語也是她在學校時修習的第二外語，眞不知羨煞多少人。但，却也時常會將這一大堆語言能力彼此弄混，她說「反正在印尼怎麼說別人都懂，也就不在意到底自己說的是那一種話了。」其實，我和媽說話便也時常流露出這種現象，遇到專有名詞或客語說不出來的就用國語，這種情況不是和那位女同事的狀況一樣了嗎！雖然如此，我還是會在心裏暗自命名她所說的話叫「聯合國語」。

眞擔心我的女兒小ㄈ長大後也成了這樣的聯合語人！

媽常說，小ㄈ如果經常住台北不回新竹「會變鹿精」，我告訴媽：「鹿精待（住）庄下頭乜（me也）不會變戇，戇子待城市肚乜不會變鹿精，精戇係生成个」。我眞正擔心的却是她的語言環境。處身在台北這個複雜的城市，我實在沒有把握期望她長大後還能將我的客家母語說得琅琅上口！眼見一個又一個戮力客家運動的客家朋友們的孩子淪陷在國語中，膽敢拍胸保證小ㄈ將來還能認同客家，不是自我膨脹就是是神經過敏！

然而，面對她的「母」語，她的母親我的妻的河北地方語，實在也不能私心地認定只有客語才是唯一而正確的。

妻自加州回台灣之後，以一個外省第二代的身份和一羣朋友共同擬了一個戲劇的溯源計劃，做起往台灣民間戲劇和祭儀尋根探源的田野學習工作，才知原來大部分的台灣人說的語言和她往日熟悉的國語大不相同。爲了眞正進入這片土地上生存的人的生活裏，她努力地重行學習福佬語，甚至要求劇團裏的朋友見到小ㄈ時也儘量以福佬語和她說話。也許因爲自己曾吃過這種虧，才特意地想讓自家女兒不再吃同樣虧的心理作用罷！

面對這樣的環境，我怎能阻止小ㄈ學福佬語，先學客語？

以往頗爲明晰的區域／語言的劃分方式，在近來的職業流動人口穿插之中已逐漸模糊了，也許我們在推動母語運動之餘，還得思考一個身處多語言社會現實之下的母語困境！

——原載一九九一年四月卅日《自立晚報》本土副刊

●一個人失去其本身的語言文化，將失去其根。

# 空降的浮萍

■彭元岐

一九九〇年十二月十五日鄭榮興採茶劇團在新竹縣政府綜合大禮堂演出《乞米養狀元》。當劇情發展到最高潮：也就是乞丐遭到未曾相認的兒子逐出家門，並遭村人毆打，而坐在地上自憐自艾的時候，觀衆當中有一老婦人邁著大步走到台前，親切地塞給那個乞丐兩百元。全場觀衆不禁會心一笑，而飾乞丐者也就大方的接下，並將此段很自然的融入劇情之中……。

多麼有「生命力」的戲劇啊！

小時候，媽祖廟前的採茶大戲，總是萬頭鑽動。而今，偌大的禮堂只坐了約一百名觀衆，也莫怪范縣長要對著主辦單位大聲指責「宣傳不力」了！

其實，范縣長且慢動怒，當前本土文化的大敵人是一個數千年來被灌輸定型的意識型態：「正統情結」。主政者若是固守此結，任憑你再多的運動，也是枉然。

君不見新埔國小母語教學觀摩的檢討會上，長官嚴厲的對參加的校長、老師逐一點名，卻再三的寬慰來賓：「各位校長、老師觀摩過後，回去不必有『壓力』。君不聞長官致詞：「要知道，國語才是『正統語言』」。

用這樣的觀念來辦母語教育，能有幾分成效？

各位都知道，國防部為了培養軍中國劇團，耗費多少人民的血汗錢，並且罔顧收視率而長期的在電視節目中演出。相對的，新聞局卻限定「方言在電視節目中所佔的比例」。

長此以往，再加上西風東漸的影響，原本與群衆水乳交融的客家採茶戲，福佬歌仔戲就逐漸式微了。而刻意提倡的「國劇」也永遠紮不了根，整個台灣地區的戲曲文化都陷入了「失根蘭」與「浮萍」也似的空洞裡了。

從來沒有人反對「國劇」（其實就是「京戲」——北京戲劇）該要保存或該要發揚，因為：任何一種文化的衰亡都是無法彌補的遺憾。我們知道客家採茶戲吸收了不少京戲裡的素材、動作與音樂等。甚至你要說客家大戲源出於京戲都無可不可。卻不礙於他們並存的價值。尤其是他原本如此密集地與群衆結合的。

語言是一種溝通的工具，工具當然是越多越好。尤其是在大家都已經學會一種共通的語言

●客家採茶戲熱鬧逗趣。（劉還月／攝影）

——那被稱爲「國語」的普通話之後。

語言更是一種文化，文化當然不能滅絕。學過聲韻學的人都知道：在現存的活語言之中，最接近唐宋音的就是客家話。如果你會客家話，對於中古音的入聲字判斷可以精確到百分之九十以上。讀過李白長干行的人都記得：爲了讓國語押韻，原詩的韻脚要被迫改讀成從來不可能讀的音，如：

「堆」要讀ㄉㄨㄞ

「梅」要讀ㄇㄞˊ

「灰」要讀ㄏㄨㄞ

才能和「開」、「台」、「衰」、「苔」押韻。至於客家話呢，以上每一個字的韻母都是／oi／（ㄛ丨），所以說：少了方言這塊文化的「活化石」，唐詩宋詞的音韻之美也將永不再現了。

基於此，我要慎重的提出一個觀念：「國語」絕對不是「正統語言」，國語只能是「法定的共同語言」，所謂的「正統」只是執政者刻意塑造出來的「神話」。

學校課本裡告訴我們：我們都是「黃帝」的子孫，又說黃帝大敗蚩尤。那麼，戰敗的蚩尤難道不再傳宗接代？何必強迫所有的中國人都去認同是同一人所生，那豈不是亂倫了嗎？也沒有誰是「雜種」，要不是「五胡亂華」，琵琶不會是如此優雅的「國樂器」，民族的生命力亦將降低。

擺脫吧！擺脫「正統情結」的噩夢。

強勢者啊！不管你是多數還是少數，請不要再塑造「正統」的神話。奄奄一息的弱勢語言及文化，需要一個「矯枉必須過正」的政策來扶助。千萬莫再傷殘客家戲曲的根，也莫再猜忌母語教育的動機了！

——原載一九九一年三月十九日《自立晚報》本土副刊

**作者簡介：**

彭元岐／新竹新埔人，一九五八年生，在鎮上的內思高工教國文兼法律和音樂，喜歡打球、釣魚。

# 客家文學的黃昏

■彭瑞金

一九九〇年七月間，我曾以〈台灣客家文學的可能性及其以女性爲主導的特質〉爲題，首度探討客家文學，在冗長的題目裡，實際已暴露出我對「客家文學」一詞，多少抱持「遲疑」的態度，理由倒不是怕留下客家沙文主義的誤解。客家民族在經過五度歷史的大遷徙之後，東徙來到台灣的客家人，還保留多少「客而居焉」的頑強性格？都是值得認眞再估量的。

雖然全台各地仍然保有不少幾近純客族的鄉鎮，保存了某種程度的客族生活習俗、舊慣，但以當前全世界都可以合爲一村的觀念看來，客家人聚落與整個台灣生活的同質性仍然多於、強於異質性，試若有人提出當前台灣客家民族生活文化的特質、特色到底何在的命題時，多半只能人云亦云，以僅有的、相沿成習却完全未經現實情況檢驗的道聽途說搪塞了。

日前讀到鍾春蘭的〈娶妻當娶客家妻〉裡的一段「報告」，不禁啞然失笑，假如「報告」可信，客家女子既然那麼普遍又堅定地不願嫁給客族男子，那麼客家人的問題，也就將因爲沒有客家人的存在而不存在了。我在撰寫前述論文時，曾援引若干有關客家研究的著作，這些著作中大致都提到客家民族的特性之一就是封閉性，包括不與其他族羣通婚，即是重要的堅持之一，當然我也發現，來到台灣的客家人，再這樣堅持，並不容易，事實也看不出有過這樣的堅持。至少在文學作品裡，以閩、客婚姻衝突爲主題的作品，並不易見。

因此，當客家民族的族羣特性都日漸模糊的時候，我們如何去描繪客家民族生活文化的特殊內涵？除了山歌、客話、大腳女子、糍粑，很可能發現原來未經認眞思考，想當然的「客家文化」，不過是心頭留存的幻影而已，何況山歌、客話，甚至維繫客家社會重要的客家女性，早已是過時黃曆、歷史陳迹了。試問，沒有客家生活，哪來客家文化？沒有客家文化，那來客家文學？談客家文學，不能只過乾癮。

也許有人要反駁說，從賴和、龍瑛宗、鍾理和、吳濁流、鍾肇政、李喬、黃娟、鍾鐵民、江上、林鍾隆、鄭煥、鍾延豪、吳錦發……那麼多優秀傑出的客籍作家，怎麼沒有客家文學？客籍作家長於小說，拙於詩，客家人投入文學的多，從事繪畫的少，諸如此類，難道不是已構成了客家文學的特色嗎？我的回答是，客籍作家寫的不見得就是客家文學，假設作者由於「同居混化」，完全喪失客家生活文化的自覺或認同，那麼，何來客家文學？因此，在探討客家文學時，我們要先弄淸楚兩點：第一是客家文化的特質是否存在？假設答案是肯定的，那麼，第二，作家是否認知到了、是否認同了、而把它表達出來？否則怎能稱作客家文學呢？我在題目裡使用「可能性」一詞，正是表示，我是有條件地肯定客家文學的存在。而「以女性爲主導的特質」，則是我從若干不同期的客籍作家的作品裡，發現他們筆下的女性，有著極大的同質性，而這一同質性，又與客家學者的客家研究結論指出的——客家社會以女性爲主導的說法吻合。主要以鍾理和、鍾肇政和李喬的作品爲例，他們三人的時代未盡相同，却有一致的描寫，證明他們作品裡的客家社會都是與外界混化前的社會，而三位作者都同時掌握了時代族羣的生活精神，當然以我目前的瞭解而言，「女性主導」並不是客家文學裡的客家世界存在的唯一理由，我却暗示了，客家文化或客家文學都不可以空口白說，它的「可能性」要靠「拿出證據來」才行，這裡也同時暗示了，一旦這些「可能性」因時制宜，隨著時光消失了，那麼客家文化、客家文學的假想，便不能憑著想當然而存在。

高雄醫學院南杏社學生舉辦的「鍾理和文學生命的探索」會上，吳錦發提出的論文是〈鍾理和小說中的客家女性塑像〉，文中也提到鍾肇政和李喬的客家女性塑像，和我所觀察到的客籍作家作品裡將客家婦女在客家社會中的地位，刻意凸顯出來的敍述觀點，都有若合符節之處，但我却同時想到，吳錦發也是客籍小說家中的佼佼者，那麼他自己的作品中的女性塑像呢？是否仍保有其客家特質？如果沒有，又是爲什麼？我在前述的論文裡，認爲客家聚落意義的鬆散，使客人所以成爲客家人的環境條件數經遞變之後，客家的民族性還堅持多少？

以客家子弟的立場，我實在不願意客家文學只是保存在傳說裡的，或想像的客族優質的觀念文學，鍾理和、鍾肇政、李喬，他們的作品忠於他自己的生活，他們經歷的時代裡，客族生活的特質還沒有鬆解，所以他們能寫出具客族精神的文學，然而時移勢遷，新一代的客籍作家，是不是只能像唱〈黃昏的故鄉〉那樣的心情，歌唱客家文學的黃昏無限美好，令人流連呢？若是不幸如此，客家文學就不成爲客家文學了。如果客家文學這首歌還要唱下去，那麼新一代的客家作家，大概就責無旁貸的要回到客族社會裡去，深入地去瞭解當下客族人的受、想、行、識，才有新的客家文學，否則客家文學只是鍾理和、吳濁流、鍾肇政、李喬、下面呢？如果接不下去，哪來客家文學？

**作者簡介**：

彭瑞金／台灣新竹人，一九四七年生。高雄師範學院中文系畢業，現任中學教師。著有評論集《泥土的香味》（東大圖書公司），《台灣新文學運動四十年》（自立晚報出版社），編有《一九八三年台灣小說選》（前衛出版社）。

# 台灣文學裡的客家作家

■鍾肇政

談到客家文學，總免不得要提提幾年前發生的小事。一九八四年夏間，我第一次應邀參加在美鄉親們的一個大型聚會——美東夏令會，發表演講。在充作會場的一所大學校園內，我碰到一位在羈美鄉親們之間頗有地位的H君，他劈面就問我說：「台灣的美術界，福佬畫家佔多數，可是文學界，聽來聽去怎麼都是您們客家作家呢？」

## 不屈服於強權的「硬頭漢」

這是個頗使我驚奇的問話，由於平時從未想到過這種事，所以一時之間，不知如何回答，當下只能回答說：「學美術很花錢，而客家人一般都比較窮。學文學便不同了，因爲只靠苦讀苦寫，幾乎可以不花幾個錢。大概就是這個緣故吧！」

細細一想，美術界的情形我所知有限，未敢妄置一辭，但若就文學而言，論作家詩人人數，還是福佬朋友居多數。這位朋友（也許也是在美鄉親們之間）之所以有這樣的印象，我相信是有其原因在的，因爲他們所關心的，不外是故鄉的鄉土文學（用目前說法，不用說就是「本土文學」），而在這一方面享有崇高地位的，主要便是吳濁流、鍾理和、李喬等幾位客家作家了。

吳濁流（一九〇〇—七六）新埔人，其所以在彼邦鄉親們之間享有盛名，大概是因爲他的《亞細亞的孤兒》與《無花果》兩書。前者成於日領末期，因爲寫的是日領下台灣人的悲淒命運，隱含抗日意識，因此可以說他是在盟軍劇烈空襲下，冒著被日警查獲的雙重生命危險寫下來的。戰後，台灣擺脫了日人統治，此書始得以出版問世。至於後者，寫的是二二八，完成於一九六八年，出版後旋即遭到查禁，可以說是在島上極早完成並問世的有關二二八的著作。其後，吳氏復以同一個主題完成《台灣連翹》，寫二二八，堪稱淋漓盡致，亦遭查禁。

由以上幾本書也可以看出，吳氏是永遠不屈服於強權的「硬頸漢」。他還創辦《台灣文藝》雜誌，是戰後第一份純文學刊物，設「吳濁流文學獎」，亦爲戰後第一個屬於本土的文學獎，對台灣文學的貢獻與影響，無人能出其右。

鍾理和（一九一五～六〇）高雄美濃人，堪稱是一位身世坎坷的台灣作家——當然，他之受到推崇並非因身世，主要還是因爲作品優美動人之故。

## 把一口口鮮血吐在稿紙上

鍾氏早歲曾到過滿洲、北京等地，戰後始返台，任教於內埔初級中學，不幸罹患肺疾，此後即過著長年月的療病生活並從事寫作，所著長篇《笠山農場》，於一九五六年間獲中華文藝獎，可見當時即受到極高的評價。可是身爲一個台灣作家，在「反共文學」「戰鬥文學」等口號作品、八股作品當道的年代，他苦心經營的作品幾乎都得不到發表的機會，連榮獲大獎的《笠山農場》都必須等人死了以後始獲發表並印行。他把一口口鮮血吐在稿紙上，眞正做到鞠躬盡瘁、死而後已的地步，在貧病交迫中齎志以歿。

儘管如此，他筆下流露出來的悲憫襟懷，卻是永遠敲擊人心的。尤其以他夫人爲本塑造而成，出現在他多篇作品中的人物「平妹」，其堅韌而高貴的情操，堪稱寫活了一個客家婦女的典型。在美濃尖山鍾氏故居旁，矗立著台灣第一座作家紀念館「鍾理和紀念館」，並有《鍾理和全集》八卷行世。

李喬（一九三四～）苗栗大湖人，任教多年，近已退休，專事寫作，如果與前述的吳、鍾兩位比，李氏是戰後新生代的客家作家，代表作是由《寒夜》《荒村》《孤燈》等三部長篇構成的《寒夜三部曲》，近一百萬言，完成於八十年代初期，是給台灣文學豎立典範的皇皇巨構。

此書以台灣淪日五十年史爲經，苗栗山區幾個客家墾民家族的聚散離合爲緯，貫串全書的則是台灣人轟轟烈烈、義薄雲天的抵抗異族統治的民族精神，氣勢磅礡，允稱爲台灣的民族史詩。除了這部大河小說之外，李氏還完成了多部長篇巨著，精緻的短篇小說也有多冊，佳作如林。

近兩年來，台灣世局危疑動盪，台灣命運幾乎已是千鈞一髮。在此之際，李氏每每驅其如椽之筆，以激越之情懷提出鍼砭，或則戳破老大腐朽的中華思想，揭露跛脚民主之假象，或則以悲憫襟懷暴露台灣人醜陋的根性，儼然成爲這一代的思想領航者。

以上所舉，只不過是就在美鄉親之間普受推崇的客籍作家做一個簡略介紹，實則在島內蜚聲文壇的客家作家及詩人，僅筆者所知者爲數已然不少，不知者更不知凡幾，形成一個陣容堅強的筆隊伍，正在爲拓展台灣文學的境界而努力，此處連尊姓大名都無暇列舉，只有告罪再三了。

——原載一九九〇年十二月十八日《自立早報》副刊

# 4／客家風物

# 望不及客家風

## ——記三位音樂家並談客家音樂

■溫星甫

對台灣歷史文化的書籍喜歡閱讀，無意間發覺對台灣音樂界我認爲最有影響及貢獻的三位音樂家底子裏都是客家人。可是台灣音樂沒有客家風味的作品，客家民謠乏人問津。在此談談這三位音樂家與客家的關連，也提提台灣客家音樂的何去何從。

台灣音樂家最有國際地位的該是江文也，新台灣文庫（由美國台灣出版社及前衛出版社發行）有本專輯——《現代音樂大師：江文也的生平與作品》，該書有廿幾篇文章討論他的生涯及貢獻。在日本及中國的音樂史上他都有不朽的地位，他在台灣所待時間雖不長，但他是台灣音樂史上第一位採用台灣原住民音樂題材而享譽國際者，所以在台灣樂史上更是巨人。這本書對他家庭背景並沒有太多的資料。

《台灣文化季刊》革新第五期中有一文〈江文也的悲劇一生〉，此文根據江文也大哥之長子江明德口述資料而寫。他祖父是福建永定客家人，來台後在今三芝鄉落脚發達，後來是跨中國、台灣及日本三地之大商賈。母親是福佬人，所以他三兄弟皆不諳客語。四歲就渡海在廈門居住，就讀日人爲台灣人設立之日文學校，十三歲後赴日就讀，一九三八年去中國。除了一九三四年隨鄉土訪問音樂團返台一兩個月外，四歲以後並不住在台灣，靠一兩個月訪台時之印象，創作了不少思鄉及鄉土意味的音樂作品如〈台灣舞曲〉、〈台灣山地同胞之歌〉、〈白鷺的幻想〉、〈阿里山的歌聲〉等等。

台灣新音樂的拓荒者張福興可說是台灣人第一個留學研習及教授西洋音樂者。他生於一八八八年，是苗栗頭份人，畢業於台灣總督府國語學校（今師範學院），後入東京上野音樂學校。學成後返母校執教十幾年，也曾在今北一女及成功中學前身的學校任教。一九二二年去做原住民音樂調查，整理並出書討論原住民歌謠。他也曾創辦台灣人民間第一個西洋樂團。一九三五年更投效流行歌壇，提高了當時台語歌曲製作水準。戰後任今師範大學前身的音樂教授，主編了國民小學音樂課本，晚年專心研究佛教音樂。（以上資料依莊永明著《台灣第一》寫張福興之文章）。

〈望春風〉該是近半世紀來台灣最多人演唱的歌，有次在一個海外台灣人聚會晚會中，小孩子樂團演奏有〈望春風〉，大人拉小提琴也拉〈望春風〉爲主題的獨奏，卡拉OK唱的也有〈望春風〉。知道〈望春風〉作曲者是鄧雨賢的並不多，知道他是客家人的更少。他生於客家庄（龍潭），死於客家庄（芎林），他創作生命最旺盛及受教育的時候卻是在台北，他三歲就隨父親北上，父親是那時總督府國語學校漢文老師（用客家話教），他後來也畢業於父親執教的學校，並前往東京一家歌謠學院深造。他父親與上述張福興同事，從他就學時間看來，也該是張先生的學生。

鄧雨賢的生平較多人報導，莊永明的《台灣第一》及《台灣近代名人誌》第一冊都有。鍾肇政也依其生平寫了本小說《望春風》。他的其他歌謠如〈四季謠〉、〈雨夜花〉、〈月夜愁〉都富有台灣情調，雖有些是原住民的旋律，都是以福佬語唱出。一九三七年後日本皇民化運動高漲，規定台灣歌曲必需用日語演唱，他無法靠自由創作維生，疏散到客家庄芎林鄉下教書，創作生命從此停頓，卅九歲就去世了。

寫出這三位音樂家並非又是自卑作祟的客家情結，講些名人皆客家人的俗套。客家台灣人心地並不狹窄，從這幾位先賢中更可體認他們寬大心懷，去整理去開拓台灣音樂，不管是宣揚西方音樂，開拓福佬語歌謠世界，以台灣情調創作音樂，整理創作原住民音樂，甚至於編寫音樂課本或研究佛教音樂都心胸寬大，不局限於客家的小圈子，一點不偏袒客家。

江文也四歲以後，只在廿四歲左右在台灣待過一兩個月，他懷鄉之情特別深，對這一兩個月的接觸一定印象深刻，他中年以後不再唱西方歌劇，不再走前衛國際作曲路線，結束研究中國古代音樂而開始潛心研究台灣的民間音樂，創作了感情濃厚的思鄉作品。他自小未接觸客家文化，不知他以後有沒有研究，也沒聽說有客家風格作品。

張福興自小在客庄長大，五六歲時即無師自通，拉得一手好胡琴，他教授西洋音樂，研究原住民及佛教音樂，也曾對當代福佬流行歌曲佛教音樂及國小音樂課本努力，但是對客家音樂或民謠卻沒有時間研完整理或創作，至爲可惜。他的公子張彩湘克紹箕裘，也從未聽說有研究創作客家台灣音樂，也許他們離開客庄已久，所接觸已不是鄉土的客家文化。

同樣地鄧雨賢三歲以後長大並受教育於台北日本，在鄉林野郊的機會不多，無機會接觸客家民謠。很可惜他生前最後幾年住在客家庄的芎林時，那時已是皇民化高潮的時候，假如那時他也創作客家旋律的流行歌，用客家話演唱，也許客家台灣音樂或語言，更能流傳。但他對客家台灣音樂有鮮爲人知的間接大貢獻，他教書時，在芎林公學校發覺一很有天資的窮學生，這學生他曾特別鼓勵培養，他後來就是成爲名聲樂家及客家民謠整理者的楊兆禎。楊教授在客家民謠面臨失傳之際，背起錄音機跑遍各地、搜集、訪問、整理台灣客家山歌，並親自到大音樂廳演唱。又出版幾本有關台灣客家民謠的著作，並有錄音帶的客家山歌專輯。

對於客籍名音樂家不屑去整理研究客家音樂

不是他們的過錯，是因爲整個社會如此，不論歷史、語言、其他文化都是一樣地被迫害。我倒希望客籍的學者專家胸襟放小些，也來研究提倡及推廣鄉土的東西。像江文也後來致力於鄉土性的民間音樂，也該有更多人來致力於台灣客家文化語言等等的研究、提倡及推廣。

台灣目前活躍的音樂家中如指揮及作曲家徐頌仁、屢獲國際大獎的指揮家呂紹嘉以及作曲家曾興魁都是客籍人士，希望他們將會有富客家風味作品揚名世界。對台灣流行歌曲界涂敏恒努力創作客家台灣歌謠，邱晨試圖用搖滾樂配樂及旋律加入客語歌謠都十分贊同，客家歌曲不能局限於幾條老調，唯有創新改良才能進步，才能生存。對他們的苦心非常佩服，希望大家一同努力，創造客家音樂更好的前途。

補記：最近參加一九九一年在紐約康乃爾大學舉辦的美東台灣人夏令會，節目之一「台灣音樂之夜」，由陳芳玉及蘇武雄介紹台灣人作曲家，其中郭芝苑先生（一九二一年生），之作品頗富客家風味，其生涯、作品都值得去探討。

**作者簡介：**

溫星甫／原名朱眞一，一九四〇年生，長大於新竹新埔鎭。小兒科醫師，現服務於美聖路易大學醫學院，業餘以勤讀台灣文史爲樂、尤其是客家台灣文化。

# 𠊎个歌子

■陳板

且先按下音樂作爲文化承傳的感性形式之搜集、儲存、流傳、推廣之必要性，以及被異化爲商品的罐頭式的「錄音帶」兩者之間存在著的弔詭。我在某種焦灼的情境底下，獲得兩卷據稱是台灣第一個客家兒童合唱團所灌製的客家童謠錄音帶，還是相當令我感到莫名的興奮！

### 僅能認識若干片斷

雖然我也是客家人，然而，卻仍有許多客家歌謠沒有聽過，即使有許多似曾相識的歌謠，也都僅能指認出其中若干片斷。如「月光光，好種薑，薑辟目，好種竹，……」或「阿兵哥，落來坐，坐到蓉雞膏。」等等……在童年記憶裏較清楚的也僅有「愛笑，愛哭，鴨嫲打孔竅，轎上棚，打米厂，米厂跌落窟（fut），鴨嫲卻(sa) 挖你洗屎窟（Vut）。」但，這僅有的，較爲完整的記憶，依舊伴著我度過快樂的童年。

兩卷童謠錄音帶，收錄許多對我而言，可以理解（理解它們應該是「客家」童謠）但又未曾謀面的客家歌謠。雖然如此，一旦聽到這群小天使（明新兒童合唱團由四歲到十餘歲大大小小的客家小朋友組成）唱了出來，又感受到十足的親切！當然，就像世間所有的事情一樣，我也並不是全部的歌都感到順心對勁，比較喜歡的是其中幾首旋律較爲簡單的。（尤其是「古童謠」）有些試圖以更複雜、更藝術的形式表達的（比如多重唱、輪唱）反而令我感覺童謠的素樸本質與童年記憶疏離開來。

或許我在長期的「童謠缺課症」之後，所最期待的是透過若干還不太確定的旋律，以閱讀、回憶在小時候曾擁有過，卻又因了某些共所周知的因素而遺落的歌謠。童謠跳動不羈的幻想，無跡可尋的邏輯推衍，表面上讀來是支離破碎的歌謠，終以撼人心脈的押韻貫串起來。我之所以特別受到這些歌子的感動，恐怕是因爲多年來所受到的「合理」的教育所失去的自由自在的空間對我的呼叫罷！也許我所要追尋的就是這麼天馬行空無邪天真的想像力啊！

## 通俗洪流中的一瓢水

●客家人的下一代，還有什麼童謠可聽？

無可否認的，歌詞（古童謠）比曲子更令我感到歡愉……我也曾試著將這兩卷帶子放給朋友們聽（福佬、外省朋友），可是他們的反應似乎與我有十萬八千里的差距，有幾位本土意識強烈的朋友還表示，我「放這麼樣的『廣東歌』給他們聽有什麼意思！」，我猜，他指出這些歌具有的「廣東味」，當是指旋律上所具有的「廣東歌（香港電影配樂配歌的那種廣東歌！）似的流行旋律味道，以及在歌詞內容上的聽不懂」所引起的罷！

後來，再細究的結果才發現，這些旋律的創作者以前是流行歌曲的作者，莫怪，即使他「許下了創作三百首客家歌的諾言」之後，所創作的客家歌仍免不了要流露出他的流行歌潛在意識！相信，創作者也不期望自己的創作竟只是通俗洪流中的一瓢水而已罷！

## 小娃兒把滄海唱成桑田

雖然，「複雜」會阻礙我與童謠之間的關係，可是，就中有一首既複雜卻又是我所喜歡的。〈喜見外弟又言別〉雖然是由小朋友們唱的，卻不該稱之爲童謠。作詞者李益是誰錄音帶並沒進一步說明，但可以確定的是它的古詩的形式，陳述著一股時人詩文（比如新詩）所喪失的古味、陳年味、時間感。

十年離亂後，一朝初相逢；
問姓初相見，稱名憶舊容。
別來滄海事，語罷暮天鐘；
明日巴陵道，秋山又幾重。

試著仔細地分析它所感動我的所在。一者，因它以我的母語——客語——唱讀古詩詞，使我突然感受到能將過去在學校生涯堆積起來卻與我的母語疏離經久的同時一度被我視作外來文化的「中國詩詞」，和我今日汲汲於重新面對母語的心情妥當地縫合起來。

再者，是一種唱者（小朋友）與其對象物（歌詞）之間的矛盾對立，（小朋友唱老人歌）造成了有空間深度的時間感。將一首顯然不是由未經長年離亂經歷者喟嘆不出的歌詞，交給未經世事無邪天真的小娃兒吟詠；先是讓我聯想到少小離家的賀知章先生的銀髮回鄉，猛然看見一群娃兒在村邊吟唱著自己在輕狂少年時的失戀情歌，吟唱著自己童年時對著圳溝裏的洗衣石幻想的呢喃曲調的驚異！賀老先生大概沒想到自己的童年已經由具體的事件轉瞬間竟被拋進遙遠的歷史中去罷！

對這群娃兒來講，這首歌從來就是這個樣子的嘛，開始是這麼開始，結束就是這麼結束。您老先生爲什麼哭哪？您找誰呀？誰欺負您哪？找房子？沒有呀！沒有那種房子呀！我們這裏從來都是這個樣子的！屋頂上兩頭尖尖像元寶那樣的房子？元寶是什麼？喔！在電視上看見過，可是那種房子不是只在電視、電影上才有的麼？

小娃兒把滄海唱成桑田，留下賀老先生枯坐村邊……

## 窮人不用多，有兩斗米就會唱歌

爲了過去在學校堆積起來的中國詩文之知識訊息和當今主流的台灣意識沒太多瓜葛，竟怨恨自身在本土詩文上的無知、無能和懦弱。在這份焦灼的情況下，竟發現在一群娃娃口中流唱出以與自身血液極度相似的抒情方式重新圈點那些差一點被我擲進垃圾筒的古典詩詞，突然感受到自己並非完全沒有希望將以往的學習積累轉化爲新的却也是舊的情感脈絡來！

也許近來漸強的焦慮，除了因自身在書法探索（本土書法）所遇見的阻礙之外，內在聲音的脈動沒有恰當的解放管道也是因素之一罷！

「窮人唔使（不用）多，有兩斗米就會唱歌！」客家老祖母告訴我們，唱歌從來就是最自然也是最快樂的事。儘管有時也會因悲傷或悲憤過度迸放出表達這個情感的聲音，但如果這個迸放的過程足以令人滿意，都算得上「快樂」、自然的。可是我爲什麼就是無法享受它呢？

## 對鄉土重新認識

在鄉土意識逐漸在有識之士的奔走呼籲日見其烈的情境下，像我這般少年時沒適當的本土教育環境開啓的人，竟然逐漸無法在堆積如山的音樂堆中尋覓得到聽來令人滿意的歌子，更別說期望由自己哼出一條半條對勁的曲子！

回想以往每回哼出來的歌子，才驚覺，竟都與我母語文化無多大干係的外來品種。這一驚嚇不得不讓我停下焦慮，反省身處的音樂環境。兒童心理學家皮亞傑發現，幼兒衡量一個事件的結果時，只會考慮兩個末端狀態之間的差異，而不會去注意連接兩個狀態的過程。我想，當時我便是在這個情狀下，忽略了我的童年（學前教育）與正式的學校教育之間的「連接過程」，毫無選擇的接受由教育部統籌的部訂音樂課程，此外，即使是另外一個課外音樂課程——救國團的帶動唱——也將它的魔手伸進我的情感交結處。也許爲了表達我對種種考試的威嚇的叛逆加上少許想多享受些兒童音樂的「樂線」（大概有歡暢的意味！）氣氛，我也曾參加高中時的合唱團的訓練，也曾私下找來歌本譜子亂唱一通。可是總脫不開洋式的Do、Re、Mi……（直到最近有機會碰到北管才知道音樂記譜可以用土法上、×、工……）

借助皮亞傑的觀察，我的音樂學習恰好在進入「學校」的教育之節骨眼上被區分爲兩個「末端」。學前教育階段，音樂的學習便早已開始，只不過在當時沒有使用符號，全憑記憶。山歌、採茶、童謠等在現在仍可稱爲音樂的「項目」之外，鄉間從未停息過的蟲聲、鳥聲、雞鴨牛聲，伴隨著童年幻想時哼著的「無字歌」，使我從來都不用煩憂「俚个歌子」的有無。

進入「正式」教育階段後，全國一致的音樂教材，企圖以一極爲簡約的形式（少數的幾首歌）讓衆多不同的小朋友天馬行空的音樂幻想「集中管理」!?也就從此開始，我脫離了學前的「無字歌」的幻夢，每唱一首歌都會有字、有意，有邏輯。莫說與我在母親體內感受到的更加內在的音感了，我幼年的「聲音」似乎一口氣間被消音了！

眞希望這樣的「感觸」仍舊只是另一層次的「認知」而已！僅是我在因爲後面一個認知（對鄉土的重新認識）的來臨自然伴隨而至的認知罷了！然而，這騙得了誰呀！

## 爲什麼要爲自己的「口音」內疚？

有時，好不容易因了內在的感動脫口而出的聲音，竟又是流行於耳際揮之不去的排行榜暢銷歌。那種尋不著出路挫敗感，眞找不出言語來描述！尤其，自意識到所處的（音樂）情境之後，更加無法忍受充斥在街巷的聲音了。

執政當局爲了抵制在野黨往常強勢有效的「打歌戰術」，於一九八九年底的大選，挑選的是甚受排行榜照顧的時代之音〈我的未來不是夢〉，甚至已不止充斥在市場街巷，還將之打進中國西南內陸貴州山區去了。每年一度的「國家文藝獎」評審先生對這個深入民心且比政治當局先行「反攻大陸」的文化貢獻，是否應立即給予表揚！

然而，這些都不是我所焦慮的，我所關心的是「俚个歌子」（我的歌）！

最近，眞的不敢隨意哼出帶有旋律的聲音來哪！深恐一不小心便聽見自己擔任流行歌曲的「放音機」！聲音，如果指的是「說話的口音」，口音！我的「口音」也曾令我遭受朋友指出「怎麼有客家腔調，你是不是客家人？一聽就出！」當時，感覺一股面紅耳赤的穿幫愧疚！可是，後來重新想到這事時便覺好笑——我憑什麼要內疚？我本來不就是客家人嗎？俚本成就係講俚樣人个話，沒必要在內心感覺有麼个唔著！然而，每當一個不小心又忽視掉對內心的那個惡質的檢查制度的反抗時，立即又莫名其妙地對我的「國語」的穿幫進行鞭撻。

聲音，如果是指「音樂」，有旋律的聲音更令我緊張。市場街巷流行的主流的「反主流音樂」，也就是所謂的「本土音樂」，是什麼，想必在此不用多加說明，不管如何阿達的人都不會說是「客家歌」罷！就算少數頭腦結構接線不良的有心人士曾大聲却又喃喃自語：客家話也是台灣話；客家歌理當也是台灣歌。可是這種呼聲幾乎命定不會記載在今天台灣本土音樂運動的「會議記錄」上罷！

## 客家人，你的聲音在哪裏？

●什麼樣的歌謠，才能表現客家精神？（劉還月／攝影）

在這種情況下，作爲既不喜歡流行歌曲，又覺得「台語歌」（福佬歌）不能充分滋潤內心脈動的另一族類——客語族，該如何發出自己的，同時還得有開創性、旋律性（基於種種新文化的開導）的歌，似乎已經成爲像我這個年代出生的客家語族人的噩夢！

音樂應不光是一種茶餘飯後的休閒娛樂而已，它還擔負文化承傳與文化認同的使命。眞不知該拿什麼來教我未出世的小孩？不知道應以什麼旋律送給仍在他媽媽胎盤中孕育的小天使當「胎教」的禮物？情況逼得不得已時，勉強唱出的〈阿公剾老貓〉、〈七星姑七姐妹〉、〈一把芝麻撒上天〉，自己心裡明白得很，這些歌子都不是由我內在迸放而出的旋律，頂多只是在莫可奈何的情況作爲一種因著對鄉土的知識性學習的Do、Re、Mi……音符具體化的產物而已。

我心脈拍動的母親（不知我的父親給我的是什麼？）之音仍遙遠難尋！

——原載一九九〇年七月六日《自立晚報》本土副刊

# 客家三脚採茶戲

■楊國鑫

客家三脚採茶戲據專家的研究考證，大約在一九一一年前後，由苗栗頭份人何阿文先生從廣東傳到台灣來，大約在台灣興盛了三、四十年後漸漸沒落。而在一九八五年九月在台北市青年公園展開的「民間劇場」，可能是最後一次的客家三脚採茶戲的演出。也就是說以後要看客家三脚採茶戲將是非常困難的事。

客家三脚採茶戲的故事是如何呢？就是關於賣茶郎張三郎的故事，是叙述張三郎、妻子和妹妹三人去採茶，回家製好茶之後，由張三郎到台灣去賣茶的故事。妻子和妹妹相伴送行，送了一里又一里，直到「十里亭」才依依不捨分別。可是張三郎在台灣賣了茶賺了錢，到酒家被酒大姐迷惑而沉迷於美色與酒鄉之間，直到錢花空了才羞愧回家，被妻子知曉源由，而氣得跑回娘家，而張三郎再三慚愧夫妻才再團聚。

筆者聽七、八十歲的老人回憶，三脚採茶戲來到了莊上，是非常大的消息，因爲當時沒有什麼娛樂，看三脚採茶又不花分文，爲了要看戲而把工作暫停，甚至有遠從山裡出來的觀衆，當時有一句話，即「採茶入莊，田地放荒。」

可見三脚採茶受歡迎的程度。另一原因是三脚採茶，不但有歌、有劇、演出者的對白風趣而演出者在台上的步調非常有趣，可看性很高。而有一個故事可以述說三脚採茶受歡迎的程度。在三脚採茶中有一齣是賣茶郎回家，其中有一種曲調叫〈陳仕雲〉，爲什麼要唱〈陳仕雲〉呢？這是有原因的，話說從前有一個人，名叫陳仕雲，他非常喜歡看採茶戲，幾乎每場必到，也就是一個戲迷，而且常常賞錢給做戲的人。可是有一天，風雨交加，陳仕雲他仍要去看戲，卻在路途中遭大水沖走。從此，做戲的人不再看到陳仕雲來看戲了，然而卻看到他的靈魂來看戲。如此，做戲的人非常感動，就在曲子中加上陳仕雲的名子來紀念他，同時也希望能博取好彩頭。後來採茶戲中即有〈陳仕雲〉一曲，而陳仕雲的故事也流傳於世。

三脚採茶戲當時流行於桃園、新竹、苗栗三縣，也就是大新竹地區，是客家特有的戲曲。爲什麼叫做三脚採茶戲呢？主要是因爲三脚採茶戲由三個脚色擔任表演，有對白、有歌唱、有劇情的表演。也有人稱爲老時採茶、三脚戲或三角戲。

客家三脚採茶戲的故事內容只有一種，即賣茶郎張三郎的故事，在廣東採了茶，聽說台灣賣茶好賺錢，而從中國到台灣賣茶的故事。採茶戲的演出內容，因人而有些許的不同，依據新竹師專畢業，家住新竹縣竹東鎮的徐進堯先生的記載共有十齣。(1)《上山採茶》。包括〈上山採茶〉、〈採茶〉兩種曲調。(2)《送郎出門》。(3)《送郎十里亭》、《捋傘尾》。(4)《糶酒》。曲調與一般的賣酒歌稍有不同。(5)《送茶郎回家》、《勸郎怪姐》。(6)《賣茶郎回家（盤茶）》。包括〈賣茶郎回家〉、〈陳仕雲〉、〈接哥〉三種曲調。(7)《山歌對》、《打海棠》。(8)《十送金釵》。(9)《盤賭》。(10)《桃花過渡》。包括〈撐船頭〉、〈尋夫歌〉、〈撐船歌〉三種曲調。

徐進堯先生進一步解釋，這十齣戲，除了《十送金釵》和《桃花過渡》之外，其他小齣是連貫的。〈上山採茶〉採了茶，〈送郎出門〉賣茶，〈送到十里亭〉依依不捨，於是〈捋傘尾〉。茶郎賣茶有了錢就到酒店喝酒唱〈羅酒〉。〈茶郎要回家〉酒娘送茶郎賣茶郎唱〈勸郎怪姐〉。〈茶郎回家〉回到家唱〈陳仕雲〉，姑嫂開門唱〈接哥〉。兄妹兩人對唱〈山歌對〉、〈打海棠〉來考驗哥哥幾年在外知識與口才有否進步？〈盤賭〉是妻向丈夫盤問茶錢的去處，原來丈夫好賭把錢輸光了，於是兩人相罵。

三脚採茶戲，演出的內容是對唱式，唱完之後有對白，對白之後又繼續唱。而其中有種叫「棚頭」的，是用唸的。棚頭俗稱敲仔板，又稱「台白」或「詞白」。即丑角出場時所唸的台詞，唸時以梆子和拍板伴奏。內容有趣又有押韻，爲的是要熱場子及博人一笑。在此茲錄一段棚頭大家試唸看看。「生趣眞生趣，佴姆供到佴，細細生辣痢，差一點消得去。佴爸講不要，佴姆撿來飼，飼到十三四。逛逛走，逛逛去，去到台南並嘉義，想起沒頭路就來學做戲，遇到一個戲頭家，對佴眞細意，就喊佴學做戲。喊佴學大花，官刀舉吓起，險險官刀壓死去。喊佴學阿旦，迎迎不會做介眼箭戲。喊佴學拉弦，曉得拂過去，迎迎不曉董過去。喊佴學打鼓，鼓槌舉吓起。硬硬不曉（˙ㄗ ㄧ）落去。咳！想到實在閑費氣。逛逛走又逛逛去，想起沒頭路，就來牽猪哥，牽猪哥是打猪雌。冷水潑吓去，批（ㄍㄤ）批供十二。一半牯就一半雌。眠床下睡著依依又依依。咳！牽猪哥愛來講四句，想到實在閑費氣。又逛逛走，又逛逛去，遇到一個細妹仔，實在很中意。問佢愛嫁嗎？她姆正來有主意。問得她姆聘金愛幾多？一千兩百二。佴就勞佢訂落去，順便（ㄙㄚ）勞佢討轉去。三餐食个三碗公个鹹薑麻，四碗公个鹹豆鼓，食落去，鹹到麻痺又麻痺。上眠床要人攬，下眠床要人飼。別人問佴討來做麼介？討來玩生趣嘛玩生趣。」的確很有意思。

我們現在唱的一些客家民謠，有許多是由三脚採茶戲中所演變而來的，但是三脚採茶裡的歌曲，比現在唱的歌曲更難唱，當然也更難學，因曲調中要加上許多「花草」，而且韻板、轉板非常圓轉技巧很高，不是有點音樂細胞的人還眞唱不來。所以我們聽三脚採茶的曲調會比一般的唱腔較好聽。也可以說三脚採茶戲的唱腔較不容易學，而許多人學不來，就不願多下功夫去學，三脚採茶戲漸漸失傳這是原因之一。

一九八四、五年時還可以觀賞到客家三脚採茶戲的演出，這個三脚採茶戲團是業餘的，至今也只演了四、五場左右，劇團的團員分別是家住新竹市關東橋的林榮煥先生飾張三郎，竹東黃桃美小姐飾三妹，竹東彭登美小姐飾大嫂，竹東徐進堯先生等負責伴奏。因爲伴奏與一般山歌的伴奏不同，現在能伴奏三脚採茶的人也不多。

林榮煥先生這一團三脚採茶戲的師父也可說是這團的領隊，是家住新竹關東橋的客家民謠師父莊木桂先生，而莊木桂先生即是台灣三脚採茶戲傳人何阿文先生高徒卓清雲先生的公子，可知客家三脚採茶戲在台灣傳了四代。

一九八七年八月十七日的一個偶然機會裡，筆者認識了關東橋的林榮煥先生。那時剛從頭份三台雜誌社出來，先載三台總編輯劉還月先生到台汽車站坐車回台北，接著與三台攝影編輯林桂庭先生到頭份下公園採訪攝影客家民歌手演唱的情形。下午四點半了，想想順道到新竹市東山長壽俱樂部去逛逛，在那裡請教了剛唱完山歌的一位先生，客家山歌的種種，他問我問這些要做什麼，我告訴他要研究客家山歌，結果被坐在附近的林榮煥先生聽到，而主動告知他也有研究客家山歌，不但有研究客家山歌，還會客家三脚採茶戲，我本來不相信，因爲客家三脚採茶戲幾乎已經絕跡了，而且從照片上看到的歌手似乎很老了，後來進一步請教，才得知這位先生即是客家三脚採茶戲飾張三郎的林榮煥先生。他說，在這裡並無法遇到很多很有研究的山歌手，他們只是來這裡消遣消遣唱唱山歌好玩的。接著，到林榮煥先生家，聽了他唱幾首採茶戲的曲調，的確是與衆不同。林榮煥先生，眞可說是台灣現在難見的採茶戲優秀演唱者。

——原載一九八八年二月《三台雜誌》

# 入年關，正好嬲

## ——略述客家年俗與福佬人過年的異同

■劉還月

每年一進入臘月，酷冷的天氣雖然使得天地間呈現的只是灰白和蕭瑟，相繼襲來的寒意也使得許多生物都縮瑟一團，然而，也就在這歲暮冬深的季節，人們卻愈充滿着期待，人們期待着過年，期待着一個全新的希望到來。

### 全新希望的開始

是的，自古以來，一直深受人們所重視的年，所含最深厚的意義莫過舊事物的告一段落以及全新希望的啓始，其間包含了結束、休息、調整與再出發等多重意義，而其精神上的意義又大於肉體上的意義，因此幾千年來，它一直是人們生活中最重要的一節日，而且無論時代如何改變，它受到人們重視的程度卻絲毫不減。

戰後的台灣，由於社會的急遽工商業化，年的味道彷佛也在現代文明的衝擊下淡了許多，但嚴格說來，多數人的心目中，年的意義與重要性並沒有改變，改變的只是過年的方式而已，其中改變最大的應屬福佬人，純樸傳統的客家村落中，仍保存着許多的傳統而饒富趣味的年俗。

客家人過年，也和福佬人相同，從臘月廿四

日的送神揭開序幕，這一天客家人一定要煮湯圓，封住灶神的嘴，同時也是全家大掃除，以及上街買妥新年期間所需米糧雜貨之期，以迎接隔天的「入年假」。

臘月廿五日，爲福佬人俗謂天神下降之期，客家人並沒有這種俗信，卻謂是「入年假」或者「落年架」，意指從這一天開始過年，家家戶戶除了升火蒸製各種應景的粄外，自此前後十天，一直到「出年假」爲止，慣要「封壟封碓」，當然更禁忌罵人，打人，說不吉利的話或者打破碗……等等。

## 點年光透夜灯火通明

入了年假，爲了表示與平常的不同，家裡的門窗要貼春聯和五福臨門紙，祖先牌位或者神案前，必須要燃香不絕，表示「點長年香」，有些較隆盛人家，這一日起便夜不熄燈，不過多數人家仍僅從除夕才開始「點年光」。

除夕當天，客家在凌晨就得先設高枱拜天公，天亮以後，還得分頭到村庄中的角頭廟中敬神，名謂「完神」意指感謝神明過去一年的庇佑，午後，全家都必須沐浴，它含有兩種用意，一是淨身以迎接新年到來，二是新年的初一、初二甚至初三都不能洗澡，得先把自己弄乾淨才行。

客家人的除夕，和福佬人也有許多不同之處；一般而言，福佬習俗中的除夕夜，最重要的還是「圍炉」，「桌下置一火炉，炉之四周，置錢多枚。圍炉，不分一家大小、佣人、均應團聚爲吉祥，因而在他鄉者，亦回鄉團圓。」（吳瀛濤《台灣民俗》），而客家人吃團圓飯前，一定得先祭祀祖先，門神和井神等，然後全家到正廳中吃「長年酒」，餐後還得放鞭炮，夜間福佬人都時興「守歲」、客家人少有此俗，卻另有一個跟傳統生活習習相關的習慣：「除夕晚餵狗餵貓有一種禁忌就是不能叫出聲，據說叫狗會遭盜賊，叫貓明年老鼠會特別多。以前農家，在每一個房間都放有一個尿桶接尿，當肥料澆菜用，在除夕這天，各自要將尿桶洗刷得特別乾淨備檢；客家人不守歲，而在就寢前，由當家的拿一皮紅紙搓成的紙椿沾上花生油點上火，帶領全家大小，到每一房間察看尿桶，當家的開口問：『淨不淨？』晚輩則齊聲答：『淨！』據說這麼一來，往後一年全家都不患眼疾。除夕晚整夜燈火通明，傳說是方便老鼠嫁女兒。」（陳運棟〈客家的過年〉）。

## 方便老鼠嫁妹仔

在中國原鄉，還有一種請掃把神的舊習，這項習俗早些年台灣的客家人，在八月中秋也有相近的請掃帚神、笠神或桌神的習俗，現今雖很難再見到了，因相當有趣，值得抄錄供客家鄉親參考：

年三十日，買一把新掃把，放在大門或二門背後，早晚恭恭敬敬去燒香，過開四五日以後，夜晚辰，就請轉廳內去，用三尺長的竹竿或樹棍，橫紮在掃把柄上，做成一隻十字的形狀，但係橫檔愛過短等哩，以後撿隻新飯杓，十字頭上紮穩它，用筆畫倒口、鼻、像人的頭顱，又撿一件新衫俾它著，就像一個人，以後放他在牆邊凭緊，地下鋪條新蓆，隔三步遠，擺緊香案，點着香燭，用兩個人牽其手，一個人面前跪緊來拜神，用時就唸語：

「掃把神，掃把神，正月十五請你下來顯威靈，二月請二月靈。掃把姑娘來得早，牆頭上一科草。掃把姑娘來得快，牆頭上一科菜。掃把姑娘來得兇，牆頭上一科葱，牆頭上一盌水，掃把姑娘來照燕尾。牆頭上一盌油，掃把姑娘來梳頭。」係咁樣唸開幾下轉，等時間掃把就會搖動，像領（叩）頭的形狀，雖然兩個人牽緊他，都覺倒有好大力，向前向後緊搖擺；他等話：確實有神下降，所以正曉自己搖擺，因此就有人向他問禍福，問壽年。這係一件奇怪的事。

## 新年謠・七種菜

進入新年之後，傳統居住在鄉村的客家人並不興往返拜年，但都要到附近的寺廟上香，年初二是媳婦回娘家的日子，初四則是婆婆回娘家之期，婆媳兩代把回娘家的日子錯開，一方面可避免家中全無婦人，無法接待來訪的客人，同時也表現出彼此的倫常關係。

福佬人的過年，總有許多新年謠，這些新年歌謠明白地說明了過年期間每天的行事，客家人也有相類似的新年謠，但因過去較少爲人們討論，多數人都很陌生，試抄一首如下：

年到初一二、食乘把膩膩；年到初三四，人客來來去；年到初五六，有酒又無肉；年到初七八，家家奉粥缽；年到初十邊，依舊同仙般；年到十五六，食了餘剩肉，耕的耕，讀的讀。

這首新年謠雖說年十五、六以後，才「耕的耕，讀的讀」，但台灣的客家人，因受早期墾拓不易的影響，每每到年初三，便撕了門框旁的「門錢紙」，表示新年已經結束了，一切恢復正常，必須要勤奮工作了。

大年初七，是早期客家婦人的「結緣日」，俗謂這一日到寺廟神庵中禮佛行香，可與神結善緣，賜福降恩最應驗，此外另有吃「七種菜」的習慣，婦女們用菠菜，茴香、芹菜、蒜、葱，芥菜、韮菜等七種煮食，傳說可保佑身體健康平安；福佬人則視大年初七「人日」，卻無特殊的習俗。

## 年俗隱含往日情懷

上述的許多例子，都可以發現，客家人對於年顯然要比福佬人重視多了，客家人對年的重視毫無疑問的受到勞動生活非常大的影響，此外，客家人較固執而保守的觀念，使得許多傳統的年俗一直沿襲至今，這些舊俗中，最重要的莫過於隱含其中的精神，值得細細品味！

# 甜粄好吃菜包香

## ——傳統客家人新年應景的粄

■劉還月

在傳統、豐富的客家年俗中，除了拜神、賀年與嬉樂之外，令人印像最深的莫過於各式各樣，應景而生的「粄」了。

### 飽嚐戰禍長途跋涉

客家傳統的食品中，粄本來就特別重要且特別發達，顯然受到先民長期飽嚐戰禍、必須離鄉背井，長途跋涉，每到一個可墾拓的地方，首要便播種五穀，生活也極爲節儉刻苦，爲因應生鮮食品的困難，加工再製品在客家飲食中幾成了主流，以糯米製成的粄自然廣爲流傳。

新年期間，最重要的粄自然是甜粄，也就是一般所謂的年糕，它的製作和成品和一般的年糕並沒有太特殊的地方，只是甜度高了許多，這與客家人口味重有大的關係；相類於甜粄，同樣含有吉祥、喜氣意義的粄還有：鹹甜粄、發粄等。前者爲鹹年糕，配料中除了香菇、油蔥、肉丁、和蝦米之外，許多家庭蒸製的鹹甜粄還加入了豬油渣，這種炸豬油剩存的食品，原是窮困年代客家人節儉的產物，卻因料理得宜，漸成爲客家式的一道美食，有些人蒸製鹹甜粄時放入這項配料，主要是爲了增加香味。

●新年期間應景而生的「粄」。

發粄福佬人稱爲發粿，用再來米或蓬來米爲材料，加入發酵粉，經過一段時間的發酵後，放在蒸籠或小碗中蒸煮，經過一、兩個小時後，蒸發粄的人家都會充滿期待的掀開蓋子，如果粄面隆起愈高而分裂愈多，表示愈「笑」，象徵明年將會豐收發財；蒸製的容器不同，主要是爲了配合使用場所的不同，大蒸籠蒸製成方型或圓型的整「床」發粄，大都是用來拜天公或在新春時，割下一長條小塊帶到廟中去祭神，用小碗蒸成的發粄，蒸熟涼了之後，可一個個從碗中取出，正好可供在祖宗牌位前或田頭田尾的土地公案前，以祈求新年大吉大發。

客家傳統的粄中，還有一種「假柿仔」，這種粄因顏色、型狀和柿子近似而得名，其實是發粄的近親，製作和材料和發粄完全一樣，差異只在放更多的紅糖以及發酵的時間較短，粄脆較乾，蒸製時是將一小塊一小塊的粄脆放在粄撩仔上加熱，約莫半個鐘頭左右便成了如柿子般一脈脈隆起的「假柿仔」。

## 滿足每個人不同的喜愛

菜頭粄或者芋粄，也是新年期間最受歡迎的粄類，這兩種分別以蘿蔔和芋頭爲材料蒸製的粄，常取代鹹甜粄，人口較多或經濟較寬裕的人家，甚至每一種都蒸上一籠，一方面表示豐盛，同時也可滿足家族中每個人不同的喜愛。

素來都用來祀神以及代表喜氣的紅粄，有些較富裕，隆重的人家也會製作幾對拜天公，這種用「粄印」印出龜甲花紋的粄，外型可分爲桃型和龜型，客家人的紅粄大都偏愛桃型，由於製作的數量不多，新年之後往往是送給前來拜年親友最好的禮物。

這許許多多的粄，都是爲了過年祀神而蒸製的，因此每年到了入年假之後，客家村莊家家戶戶都可見日夜不熄的炊煙，婦女們總是勤勞的一籠蒸完換一籠，忙到年二十七、八，又得殺雞殺鴨，煮長年菜，到了除夕清晨拜過天公，辭了舊年，準備了一桌豐盛的團圓菜後，轉眼年便來了，大年初一大家休息了一天，到了年初二，有人回娘家了，不回娘家或者初三、初四才回娘家的婦女又忙着要打菜包，用來招待前來做客、拜年的親戚。

用糯米和蓬來米混和爲材料，做成粄脆，再以蘿蔔絲、肉丁、香菇、蝦米、胡椒粉炒製成配料，包在粄脆內成一豬籠型的粄，蒸熟後便成了又香又可口的菜包，又稱爲豬籠粄，是客家人最喜愛的點心之一，當然並不限在年初二才打菜包，只要新年期間，有客人來訪，隨時都可以打菜包宴客，即使到了元宵當天，客家人也不時興吃元宵，而是打菜包讓全家人共享，可見菜包在客家點心中的重要地位。

## 吃到生狗屎毛！

過了元宵之後，正月十六日便有客家人開始掛紙了，應掛紙所需的青粄或草粄也開始登場，這些用粄脆、糖和不同青草製成的粄，種類相當多，包括用艾草製成的「艾粄」、用苎麻製成的「狗貼米粄」，老一輩的客家人都相信，這些用植物製成的粄，含有應景、補健和去污的作用，原寓清明時吃了可使夏天不生膿瘡，後來成了掛紙必備的祭品，因此每年過了元宵之後，便可見到這些青草粄了。

從每年歲暮入了年假開始忙着打粄，不僅種類多，量也相當驚人，也許你會懷疑，怎麼吃得下這麼多的粄；其實，傳統的客家人打這麼多的粄，有一半的用途是取這些粄較耐久存，待年過了之後，還可以帶上山耕作的時候當點心吃，因此有不少人家的甜粄吃到端午節都還沒吃完，可眞是吃到「生狗屎毛了」。

除了自己食用外，各式各樣的粄也是正月時待客最佳的食品，在客家婦女的巧手藝之下，各式的粄或蒸或煎，甚至煮湯，都有獨到的口味，正好用來待客，此外，正月二十日是客家人俗謂的「天穿日」，這一天家家戶戶都要煎甜粄來吃，而且煎的甜粄不能捲，一定要是平的，謂可幫助女媧娘娘補天。

## 反映先人節儉樸實的風貌

台灣戰後以降，社會的發達以及物資的充裕，使得現代人對粄或粿類的食品愈來愈不感到興趣，客家人在新年期間打的粄也愈來愈少，不少人家甚至就上街買一兩塊粄應應景罷了；然而，回顧先祖們在新年期打的各式各樣的粄，最能夠體會的除了濃厚的「年」味外，更充份反映出先人節儉、樸實的生活風貌。

——原載一九九〇年一月《客家雜誌》創刊號

# 客家人的掃墓

■陳運棟

## 清明時節雨紛紛

春分後十五日，是爲清明。清明之稱，始自漢代；《孝經緯》：「春分後十五日斗指乙爲清明。萬物至此，皆潔齊而清明矣。」唐宋以後相沿成爲節令，並有掃墓踏青的習俗，以示報本反始。經查世界上其他各民族也都有在春分後掃墓的習俗；歐美基督教社會在這段時期裏舉行基督復活祭，人人展墓獻花；並有尋找「復活蛋」的遊戲。日本是一個佛教國家，他們稱春分前後七天爲彼岸，家家戶戶祭掃墳墓，習以爲常。所謂彼岸，乃是梵語「波羅」的譯語，是到達眞理境界之意。元代《大休禪師語錄》上說：「日本風俗有春二月秋八月彼岸修崇之辰」，指的就是這種情形。

## 清明六條件

萬物「潔齊而清明」是有條件的：第一，不能太冷；太冷則寒氣凜烈，草木枯黃。第二，不能太熱；太熱則氣如流火，悶熱蒸人。第三，不能有狂風；有狂風則飛沙走石，天暈地暗。

第四，不能有暴雨；有暴雨則水天相連，天地不分。第五，不能有大霧；有大霧則舉目無覩，迷濛一片。第六，不能連陰天；連陰天則日月不明，辨物不清。剛好，每年一到春分後十五日左右，正是不冷不熱，和暖宜人；雖偶有風，但和而不狂；雖偶有雨，但柔而不暴；氣雖偶暈，但決無大霧；天雖偶陰，但決不連陰。無怪乎我們氣象界的先民，定這個節令為「清明」了。

## 歲時節俗的源起

一般歲時節俗的發生，其原動力，完全根源於人群的原始宗教心理，和各民族的傳統宗教觀念。每年冬至，北半球夜最長，日最短，過此以後，逐漸日長夜短，至春分，日與夜長短相等。而在太陽崇拜盛行的原始時代，各民族都特別重視春分這一天。而且每年一到春分，寒去暖來，萬物孳茂；因此，往昔生活在北半球的農耕民族，都以春分前後為生命胎動，農事開始的時期，備加尊崇。以上所談及的各民族的掃墓習俗，都根源於這些原始宗教心理的活動，再加上他們傳統宗教觀念而相沿成為一種節令。

## 清明掃墓的源起

中國清明掃墓之俗，一般的說法都認為起自漢代。《光緒嘉應州志》卷八〈禮俗〉上說：「案家禮有墓祭；郭侍郎曰：案古無墓祭，然曾子言：椎牛祭墓。孟子言：東郭墦間之祭。蓋自春秋戰國已相沿為俗矣。漢興，因事祭墓遂為盛典；東漢之光武令功臣王常、馮異、吳漢等過家上冢。知當時上冢已成通俗，假詔命以榮之。唐開元時，寒食上冢編入五禮，遂為常式。」漢時，清明掃墓（亦即寒食上冢），或許可以說還是屬於少數人的個別行為，唐代開元以後才成為一種節令。直到宋代社會變遷，人與人之間的接觸頻繁之後，才普及全國，成為家家奉行的民間習俗。《千家詩》上所載兩首宋人的清明詩可以作為證明：黃庭堅：「佳節清明桃李笑，野田荒塚只生愁。雷驚天地龍蛇蟄，雨足郊原草木柔。人乞祭餘驕妾婦，士甘焚死不公侯。賢愚千載知誰是，滿眼蓬蒿共一坵。」高菊磵：「南北山頭多墓田，清明祭掃各紛然。紙灰飛作白蝴蝶，淚血染成紅杜鵑。日落狐狸眠塚上，夜歸兒女笑燈前。人生有酒須當醉，一滴何曾到九泉。」

## 客家人掃墓的時間

台灣的社會與文化，根源自中國，甚至有人認爲是閩粵社會與文化的延長，但台灣的文化因受地理環境及其他因素的影響，也有許多變異，以掃墓爲例：大年初一到元宵十五，這段期間仍然是過年假期，客家人自古以來就陶醉在過年的歡樂氣氛中，沒有人會想到掃墓這件事。一直要到元宵節「開大正」「慶燈」之後，才有人上墳掃墓；因此，客家人掃墓的時間最早的是正月十六日，至於最慢的時間，據《光緒嘉應州志》卷八〈禮俗〉的記載：「人衆者祭期有定日，凡祭地，新地不過社，老地不過清明。」

## 客家文獻《石窟一徵》的記載

客家人稱墳墓爲「地」；「社」就是祭土地神的社日，立春（通常爲陽曆二月四日）後第五戊日爲春社（通常爲陽曆三月下旬）。普通人家大約在過年祭祖的時候，約定今年掃墓的日子，大致上是取正月十六日至清明的這一段時間內的一天，有些是選正月十六日這一天；有些是選正月十六日後的第一個星期日；有些是選正月的最後一個星期日；有些是選二月的第一個星期日；有些是選春分這一天；也還有很多人家就選定清明這一天。第二是客家人提早在清明前掃墓的問題：林衡道認爲「客家移民則自古出外謀生人多，一年難得回家一次，許多人便趁過年回家機會順便上墳」。其實，掃墓掛紙一年才一次，客家人又特別重視尊祖敬宗的仁孝之道，所謂「難得回家一次」恐怕不是提早掃墓的主要原因；更何況現在交通便捷，遠在東北亞、東南亞的家人，也可以朝發而夕至。據《石窟一徵》的記載：「俗鮮有遷徙他邦者，而土瘠民勤，亦鮮有自他邦遷居於此者。故溯其世代多有自一世至今為二三十世，而水源木本之思，愈遠愈篤，每歲自正月至三月，無日非祭掃先塋之事，以代數既長，不能不早祭也。有蒸嘗者椎牛割牲，分胙肉丁肉；無蒸嘗者亦皆醵錢備魚牲蘖酒，到墓門一酹。祭必合族，無各祭，亦無分祭。既因祠以序宗，又因墓以會族，仁孝之道，於斯為至矣。」《石窟一徵》為清代黃釗所撰，成書於光緒初年，刊刻於光緒末年，所記為廣東省蕉嶺縣的客家民情風俗，學術界亦公認：「黃氏此編，不特可作蕉嶺縣志讀，抑亦我客家民族一重要文獻也。」根據這一文獻，則客家人的提早於清明前掃墓，是由於要祭掃的祖墳太多，在清明這一天忙不過來，才提早祭掃。

## 《客家花序》的記載

客家人在中國是聚族而居，祭墓「必合族，無各祭，亦無分祭。」聚族而居必然是蒸嘗等宗族組織特別發達，才有發號司令的能力。林維倫著《客家花序》一書上詳細說明了中國客家祭墓的情形：「客人自中原南來，其保存自體之語言風俗，千年不變，祭墓亦為大典，清明、秋分之候，家家上塚。所謂祭墓，必也先有蒸嘗，方有辦祭品供福食之力；其次則須子孫衆多，齊集墓前，舉行祭禮。大約祭品豐者，必有豬羊，另再陳設肴饌十簋，果品糕餅十二盆，閏月則加一，茶酒香燭，衣帛鞭炮，有祭墓祝文及祀土神祝文，並雇銅簫鼓樂一小隊。首由祭者選出禮生二人，一以唱禮，一以讀祝，另有執事若干人，然後再舉年老輩高者為主祭，行三獻禮，祭墓畢，或頒胙肉；嗣即就墓前設食，餉祭者以酒肉。……在嘉應州各縣，凡祭墓必須子孫稍衆，並有鼓樂奏之；如祭祀之子孫寥寥數人，雖富亦不開祭，其未用豬羊鼓樂者，不曰祭墓，而曰「釃地」，蓋即以酒澆墳之意。肴饌不必盛設，不行三獻禮，奉祀子孫，僅焚香叩首。除道遠者外，多數回家治食，並不設席於墦間也。且客人甚少世家巨室，縱子孫衆多，甚少春秋二祭，不論祭墓與釃地，

●客家人稱掃墓爲「掛紙」。（劉還月／攝影）

多爲每年一次，或春或秋，尚無一定。春祭者，重陽必派人往墓頭掛紙，秋祭者，清明亦須掛紙；慎終追遠之義，歷久不衰，客人祭墓之外，每年祭祠堂則爲廟祭。」

## 《光緒嘉應州志》的記載

《光緒嘉應州志》卷八〈禮俗〉記載中國的客家人祭墓的情形則說：「碑額掛紙曰墓頭紙，其紙黃白各半，釁以雞血；禁碑、界碑、土神碑亦然。周墓之旁藉紙十二張，閏月增一曰禁墳紙。土神或先祭合祭不等；祭有通贊、有讀祝；祭品有豕羊、時菓、餅餌、酒醴、餚饌、湯飯、楮衣冠，相率行三獻禮，禮畢，頒胙。凡胙有等差：曰禮生肉，曰主祭肉，曰敬老肉（年六十以上者到墳頒，年七十以上者不到亦頒），曰郵膋肉，曰科甲肉（赴試者不到墳亦頒），曰仕宦肉（出仕者不到墳亦頒），曰繖肉（仕宦後裔有繖——即萬民傘——到墳者按繖頒），曰房分肉（按房戶而頒）。計丁結錢者曰丁錢（到墳始給），又有所謂盆名錢，盆名者無蒸嘗子孫醵錢置產以供祭祀，遇祭日按醵錢之名給錢，雖不到墳亦給；其意蓋謂永永流傳也。祭畢，即在墓次一飯而歸。凡祭品從豐從潔無敢慢者，若子孫所飲食即極菲薄，亦退無後言，且所延之二三父老以之歲時照料者，亦同此下著，可見至誠足以動人，此亦美俗之一端也。」

## 隻身渡台，盛行分祭

客家人來到了台灣，由於受到種種限制，絕大部份都是「隻身渡台」，舉族遷徙的事情可以說是絕無僅有。所以在祭墓的風習上有了很大的改變，就是盛行分祭，無法再合族而行之。但是客家人仍然保持了正月十六日至清明前擇日掃墓的習俗。另外，也由於客家人宗族觀念特別發達，乃仿照中國「盆名錢」的方式，「無蒸嘗子孫醵錢置產以供祭祀」的會份嘗，遙奉中國的共同祖先「唐山祖」，因為沒有墳墓在台灣，所以這種會份嘗乃在八月初一日舉行廟祭，祭典之後並舉行「食公」宴會；這就是客家人所說的「算會」。

## 時勢所趨，大墓園流行

客家來台已有二百年的歷史，大致上已傳衍了七八代，是不是所有祖先的墳墓，後世子孫都要一一前往祭掃？這一問題在原先客家人的習俗，是為人子者的責任；也就是墓主有幾房子孫，就由這幾房的後裔輪流來祭拜，換句話說，就是照房份輪流。因此，早先來台的祖墓，往往要好幾十年才輪到一次，連墓地在那個方向都不知道，怎能談到按時祭掃的問題。所以最近幾年來，盛行「大墓園」，就是建造一個可以容納幾十罐或幾百罐金骸的大墓園，把來台祖或幾世祖以下的裔孫所有金骸葬在一起，規定日期由所有後裔備辦牲醴祭拜，既省事又隆重，很符合現代工業社會的需要。

## 分照墓，情景漸式微

客家人拜墓時攜帶的祭品，有牲醴、發粄、墓頭紙、香燭、金銀紙和爆竹等，最近也盛行

●掛紙的祭品中，水果和紅龜粄在祭完後要分發出去。（劉還月／攝影）

鮮花及水果。牲儀只能用雞，不可用鴨、鵝；祭墓用銀紙，祭后土用金紙；墓碑掛墓頭紙，后土碑掛金紙；拜過後將發粄分食墳地附近的小孩，期使他們在放牛，玩耍時不要破壞到自己的祖墳，叫做「分照墓」。近年來，由於社會安定，經濟繁榮，掃墓時已看不到「分照墓」小孩的蹤影。

——原載一九八六年四月《三台雜誌》

# 掛紙

■鍾鐵民

南部客家莊從農曆二月初起，就開始有人選擇黃道吉日去掛紙了，直到清明日為止，這是春節後民間一個最重要的節氣大事。掛紙就是掃墓，把先人風水周圍雜草清除乾淨，在墓碑上壓掛著幾張黃紙，家人準備好三牲祭拜，既表達子孫孝思，也有檢視墓塋是否完好的意思。

從「來台祖」的衆「風水」到祖父，光是直系親人往往就有五到六代，自我懂事以來，每到二月，每個家庭都要準備好多份祭品。常聽到鄰居們有這樣的對答：

「掛過幾穴「地」了？」（地：墓塚，客家人稱作「風水」）

「今年跟兄弟分開來掛，每家分兩穴。」

三牲是雞魚和豬肉一塊。掃墓較特殊的祭品是紅龜粄，那是家家必備的供物。早年農家都要自己蒸製，利用晚上空閒時間，幾家婦女合在一起忙亂，到深夜完成後每個人各分十塊八塊帶回家，剛起籠的紅龜粄又軟又香又甜，給家裡老老少少的喜樂無窮。紅龜粄餡有芝麻米糊及紅豆沙兩種。每個有三指大小，如果這一年家中生了男孩，那就要印製巴掌大的「新丁粄」。要有特大食量才能吃下一塊呢！十二塊新丁粄擺在托盤上，眞是好看引人。

掛紙的祭品中，水果和紅龜粄在祭完後要分發出去，只要是墓地附近看到的老老少少都有份。小時候物資極缺乏的時代，只要有人掛紙，從人家伐草清墓起，我們小孩群已在附近聚攏等待了。我們玩我們的遊戲，只等鞭炮響完就可以分得一或兩塊紅龜粄，碰到假日掛紙的人多，一家給完又一家，一天可以分得一堆，全家人都有得享用，我們放牛的工作沒有耽誤，又賺了不少甜美的點心，還可以評論誰家米糊燒焦，誰家不夠甜，難怪所有的孩子都那麼懷念掛紙的日子。有些看牛的孩子調皮，遠遠看人家掃墓，便大聲唱起自小所學的童謠，語氣中很有要脅的味道呢！

碑石碑石，黃蜡蜡！你家粄子給人乞或不給乞？不給人乞，牛屎上碑石！

石、蜡、乞三個字在客家語裡可押韻，音近蜡。主人家大都一笑置之，實在是大家幾乎都這樣唱過來了。

外曾祖父風水在水底坪深山裡頭，因爲是日領期間偷偷興建的，相當簡陋，用本河石打的墓碑上只有簡單幾個字。每年雨季後山形林相多少都會改變，雜草粗芒又高又密，有時幾個舅舅要爭辯一陣子才能定出方位。然後全家大小通力伐掉芒叢找出墓穴。沒有用水泥，紅磚和石灰糊的矮堤總是被芒根拱散，大家要一塊塊磚頭擺回原地，弄得又渴又累。好在溪谷底有的是清泉，濃密的樹影正可以遮蔽南台灣火熱的炎陽。早上六點出發，得中午前才能回到家。小時候最盼望的就是給外曾祖父掛紙，有得玩又有得吃，尤其喜歡那種氣氛，只是幾個舅舅越來越不勝其負擔，前幾年商議妥當，將幾代先人骸骨聚攏，營建了家塚。這種作法很得大衆認同，甚至有些人家在新家塚中還預留了兩代以後子孫的存骸之地。從此掛紙簡單得多了。

所有的祭祀少不了燒紙錢和放爆竹。掛紙時正逢乾旱的季節，幾乎年年都要引起火災，有時燃燒十幾天，大片的林木和山坡果園全部遭殃。爲免在沒有控制下引起大災害，近年來鎮公所乾脆在農曆元月底就僱人到各公墓去放火，將公墓所在的整片山坡燒得光光，寸草不留。於是光禿禿充滿黑灰的公墓間，只見一座座墓塚，東西南北向的都有，胡亂的擠在一起，有高有矮，形狀各異，雖然其間有不少建造精緻，但整體看過去，那種凌亂淒慘的感覺實在令人難受。每次經過看見，常有將來自己寧可化成灰燼撒散在田土間；也不願留下那樣一座墓塚成爲後人視覺上的醜陋障礙。

迷信方位，風水蔭佑子孫的傳統觀念使我們的公墓無法整齊統一。不在公墓範圍內的野葬更是破壞了山林水土，在地少人多的台灣，繼續濫葬下去，眞不知會成爲什麼模樣。不分王公百姓，人人一樣，集中管理，在特定區域內，依規定的形式，加強美化周圍環境，讓公墓像公園。總該有執行公權力的時候，給子孫留一片淨地多好！

現在的孩子對掛紙已經沒有什麼興趣，在燒焦的亂葬崗上，暴曬火熱的太陽，怎麼可能讓他們產生追思先人的情懷呢？設計一套合乎現代精神的儀式應該很有必要，任由農業遠古時代的儀式放在今天這樣的社會，有太多荒謬行爲，如燒紙錢，放鞭炮等等，無法讓受過現代教育的孩子認同，自然很難對這種祭拜懷有什麼敬意。

社會習俗可以隨生活方式的改變而修正，只是自然的轉變太慢。如果有妥切的法令，可以更快、更容易加以導正。掛紙，僅僅是其中一項。

——原載一九九一年四月十四日《中國時報》人間副刊

# 夥房

■吳錦發

今日在我們生長的這個島上，保存著最多完整客家三合院式建築的村莊，除了屏東縣的萬巒鄉之外，大概就數我的家鄉美濃了。

萬巒鄉和美濃鎮的居民一樣，大多數是祖籍廣東嘉應州的客家，因此三合院的形式也完全一樣，正中一間是寫有堂號的祖堂，祖堂兩邊是兩間主廂房，兩側兩排房子，則是同宗家族的住房，它和漳、泉閩南三合院最大不同之處，在於祖堂和兩旁主廂房之間，內部不相通，祖堂內除了歷代祖先牌位外，大都不祀鬼神，因之顯得更獨立、更莊嚴；家鄉的父老，稱呼這樣的三合院建築叫「夥房」。

因爲夥房中住的都是同宗的族人，而各族各姓漸成聚落，姓古的人，幾個夥房聚在一起，於是又成了個大夥房，便稱「古夥房」。姓林的稱「林夥房」，依此類推，「吳夥房」、「李夥房」、「陳夥房」……。每個小村莊便由十數個或更多的這樣的「夥房」聚合而成。

十多年前，美濃這樣的夥房形態還十分完整，每一個夥房內絕少有外姓的居民間住其中。近年來，因爲公寓式的建築逐漸侵入農村，建築商人大量地在各村路旁建造成排的公寓，並以廉價拋售，於是這種「同姓聚落」逐漸被打破了，一排公寓便可以容納全村各族各姓人家於一爐。

夥房聚落的被拆散，在某些方面說是好的，從社會學的角度來看，中國人的「三合院」、「四合院」以及院落外圍高高的圍牆，正是「疏離」心態的具象表現，雖團結了同宗的族人，却也同時拒斥了其他宗姓的人；「疏離」的結果便造成許多誤會與衝突，所以古中國也好，古台灣也好，宗姓之間械鬥獨多，甚至延續好幾個世代。

我們上小學的時候，便常有因爲芝蔴小事，而分成不同的夥房組織打鬥的，古姓某位堂弟挨了吳姓某位堂兄的揍，古、吳雙方的堂兄弟便組成了對抗團體，伺機看到對方某位傢伙放學落單了，便一湧而上揍他一頓，偶而事情鬧大了，使得大人們吵起來的時候也是有的。

這樣的事情，隨著社會變遷逐漸消失，當年打群架的敵手都成長了、懂事了，大家已成了好友，逢到節日，偶而從外鄉回來，碰了面，一起喝酒聊天，回想起昔日打群架的情形，竟也有一番對往事的懷念和樂趣。

除了偶而小衝突之外，昔日的「夥房」也帶給我們童年許多美麗的回憶。夥房的建築，在院子的中央，都有一片寬敞的禾埕，或泥地的、或洋灰的、或磚鋪的……，農忙的時候成爲曬穀的場地，農閒的時候，便成爲我們嬉戲的地方，打排球、摔角、玩橡皮圈、踢鐵罐子、打玻璃珠……統統集中在這兒。

最難忘的是，那個時候，村莊裏還沒有電視機，常有流動各地要把戲的藝人，來到莊子裏後，便住進某一個夥房的人家中，傍晚時分，架起麥克風向莊子裏的人廣告，入夜之後，把戲便在這家夥房的禾埕上開鑼，各家的小孩聞到鑼鼓聲便搬著椅子集中到禾埕上來。

這些藝人有耍蛇的，耍猴的、玩功夫的、變魔術的……，目的都在推銷藥品，其中令我印象最深刻的是唱客家戲的。因爲她們的風格最獨特，往往在大家還在洗澡吃晚飯的時分，就先有一兩個女藝人唱起山歌、採茶歌、歌聲用麥克風傳向村莊各處，邊唱還利用過板的時間穿插晚上的節目預告。

她們唱的客家戲，我大都不懂，但回想起來，戲目大都和今天的歌仔戲差不多，《王寶釧》、《臭頭皇帝朱洪武》、《薛丁山征西》、《苦李娘》……，奇妙的是，戲中的插曲；她們都改成客家話唱，只是唱到緊要處，常莫名其妙地更換成福佬語，尤其是「哭調」的部份。這也許是客家人生性太過保守，不擅直叙自己的感情，用客家話唱起來顯得太肉麻之故吧！不過，如此倒反而更能表現台灣閩、客文化融合的特色，只是，這種客家戲後來也和歌仔戲一般，摻用了大量的東洋風流行曲，章法便亂了，變得沒多少可取之處。

夥房在家鄉現代化的過程中，除了飽受公寓式建築威脅之外，另一個更致命的打擊，來自於每家每戶都有子弟在外工作賺錢，經濟情況的改善，鄉下人最喜歡炫耀在房子上，於是紛紛有人把夥房兩側的房子拆掉，修建高樓洋房；這些洋房共同的特色是，方方正正像磚塊一般，除了高大，既不美觀也不大方，十足暴發戶的姿態；更滑稽的是，因爲大家都怕別人批評「不敬祖」，所以大部份的人家，雖改建了兩側的廂房，對於中間的祖堂却不敢拆除，於是形成了兩旁高大的洋房，而唯獨祖堂破舊寒酸地縮在一角的形相，這和原來夥房建築，特別凸顯祖堂的氣派威嚴大相逕庭。

我是學社會學的，明白時代終會變遷，只是每當看著破碎了的夥房建築，高大的洋房睥睨著寒傖的祖堂，就難免有些心酸。

這些到底象徵著什麼呢？啊！這是一個富有而沒有夢的世代！

——原刊晨星出版《永遠的傘姿》

# 東門城樓

■吳錦發

美濃從開莊到現在，一共差不多才兩百多年。在約兩百五十年以前，美濃鎮還是一片蠻林，文明未至，除了零落散居的幾戶布農族先住民之外，鮮有漢人的足跡。

雖然未有移民的墾居，但美濃也許因爲地勢隱密的關係，據說很早以前就成了軍事重地。明朝末年的抗清英雄鄭成功，曾在這裏建置密藏錢糧的「明月樓」（地點據老一輩的人傳說，在今黃蝶翠谷附近的水底寮一帶），以及充當練武場兼戰略研究所的「清風院」，這些古蹟，現在皆已找不到確切的歷史遺痕了，只在幾年前，曾有村人挖掘到鄭氏爲其母（日本婦人田川氏）及其父鄭芝龍立的兩座紀念碑，至於鄭氏在美濃一地設立軍事重地的史實，由於沒有更多具體的古蹟可尋，則有待史家來考證了。

現在美濃所保存的，最古老而完整的古蹟，僅有鎮內東門里美濃河西北岸的東門城樓，那是昔日開庄之初，用以防番禦敵用的，原來的古東門樓，建於乾隆二十年（西元一七五六年），當年修築的時候，架設有砲台及示警用的巨鐘，如今這些遺跡都沒有了，城樓上只剩下空蕩蕩的水泥板，偶而有些野孩子、流浪漢爬上去涼涼爽爽睡上一宿。

美濃籍的作家黃森松，曾在他的著作《寂靜的小鎮》一書中提到，東門城以前一共有三個名字：迎春門，接龍門，朝陽門。至於最初的門聯，則是一位福建龍泉寺的名僧所題的字：「旭日迎門早，春風及第先」。兩百多年的時代變遷，這幅雅緻的對聯也被換掉了，換成如今這幅俗不可耐的「美水清流門前迎百福，濃山秀立樓外納千祥」，古風不再，古味蕩然無存。

●東門城樓是美濃人的精神堡壘。（劉還月／攝影）

東門城樓在兩百多年的歷史中，也避免不了與台灣歷史同擔了苦難，第一次建築的城門，享壽只有一百四十年，到了乙未年日軍侵台的時候，據說乃木希典大將率第二師團攻入美濃，美濃義軍據城而守，日軍推進到龍山一帶，便據高發炮，經過一場血戰，東門城樓終遭砲火擊毀，守軍死傷殆盡，日軍浩浩蕩蕩開進美濃城。小時候，聽父執輩講起這一段歷史，想到那時還在上演的日本片中，那位日俄戰爭的大英雄乃木希典和我們這個小村莊有關係時，竟然有一絲光榮的什麼在心中翻滾呢！不過後來年事漸長，稍通台灣史，知道那傳說，僅是胡扯，這份曾經隱藏在幼小心靈中的英雄崇拜感，卻逐漸轉換成日益深沈的悲哀與厭惡了。

經過砲火襲擊後的東門城樓，一直到西元一九三七年，才由地方士紳發起重修。他們拆掉了破舊的危城，重新用鋼筋水泥建造了新城門，形式上雖然和古城門相差無幾，質觀上却相去甚遠，尤其原先的石像、字版、門額等古物，皆被丟棄一空，成了毫無歷史意義的「新」城樓了，這就是我們和日本人最不相同的地方，日本人急著「修改」歷史，我們則急著「揚棄歷史」。

幾十年的變遷，「新」城樓如今的面貌也大大的改變了，城樓旁邊，以前是一片沃野，現在則蓋上了一排排的公寓，原本威武的城樓，現在已被一棟高過一棟，愈擠愈近的現代洋房，圍困在一角顯得寒酸而難堪，也許再過不久，這座美濃人的精神堡壘，終要從這塊土地上徹底消失了吧。我這樣擔心不是毫無理由的，幾年前，日本水彩畫會的會長不破章先生猶未過世，他每年都要來東門樓附近畫上幾張畫，不破章先生第一眼看到東門樓便為它優美的造型贊嘆不已，坐在那裏却不知要如何落筆，後來聽了旁人解說東門樓的歷史，沈思良久，然後畫了一張柔美至極，女性化了的東門樓風景，而家鄉有位畫家，則把東門樓畫得威風凜凜，張牙舞爪，頗有憤怒之意。如果藝術的終極在於表達人類靈魂深處的情懷，那麼這該是兩種截然不同的情懷吧！

然而，令我憂心的是，日前我在家鄉某一位小學生的畫中，竟然發現他把東門樓畫得矮小而萎縮，像一隻被擊碎的蝸牛一般，而且還覆蓋在一座大洋房的龐大陰影中呢！

——原刊晨星出版《永遠的傘姿》

# 菸樓

■吳錦發

從外地坐車經過旗山，一進入美濃，頭一個讓人感到印象深刻的，就是爲數衆多，聳立於田野村落中的菸樓，那優雅而獨特的造形，錯錯落落，襯托在成排的檳榔林之中，益發顯露出它高挑出俗的姿影。

家鄉先輩作家鍾理和先生，曾在他的文章中如此描述菸樓說：「與其說是有菸樓處，必是甎牆瓦屋，大廈高樓，倒不如說是甎牆瓦屋、大廈高樓之旁必有菸樓聳峙，更能道出菸樓的本性吧！」

誠然，往昔，菸樓是家鄉財富的代表，幾乎每姓每戶的夥房邊，總有這麼一棟兩棟怪異的建築物。菸樓，顧名思義就是燻烤菸葉的地方，成熟的菸葉從菸田中採收下來之後，就要用帶線的竹竿串起來，一串一串地掛入菸樓中去燻烤。大約一個星期的時間，日以繼夜地守在火灶邊加柴火，直到把青綠色的葉片，燻烤成金黃的色彩，取出來之後壓包、選別、包綑，然後繳賣給公賣局。因爲燻烤的技術決定菸葉的品等，如果一個不小心把菸葉烤焦了，便會落到差的品等，繳賣的價格便賤了，因此，菸葉入灶，在家鄉是極其愼重的事情，菸樓便成了神聖的地方，子女學費、嫁娶、買田置產、修建房屋……等等費用，就在菸葉一進一出菸樓之中便決定了。

家鄉在十年前，依舊是一個純粹保守的農村，農業人口佔著絕大多數的比例，主要的經濟來源，就只靠菸葉和養豬，養豬是副業，價格又極不穩定，賤價的時候，甚至把牠放入山野中任牠自生自滅的情形也是有的，唯有菸葉一直是由公賣局收買，價格較穩定，因之，從日領以降，家鄉的農民，便一直遵行著兩季稻米，一季菸葉的農作方式。

種菸、燻菸於是成了美濃季節性的獨特景觀，每年到了十二月左右，美濃平原便呈現出一片豐盛的景象，蒼蒼茫茫，寬大的菸葉，隨風招展，形成一波一波的綠浪，摘菸的婦女戴著包花布巾的斗笠，在綠海中浮浮沈沈，遠方的菸樓，悄悄地靜立在晚天之下，從閣樓那根大煙囪裏輕吐著縷縷的輕煙，那種安詳寧謐的景象，是每一位家鄉出去的遊子所難忘的；菸樓雖不高，在外鄉繁華的都會裡，一閉起眼却都看得到……。

尤其難忘的，我們甜蜜的童年回憶，有一大部份是和菸樓分不開的；因爲烤菸葉的季節，快接近年關了，學校都已開始放寒假，放假的期間閒著無事，常被家裡分配到看守灶火的任務；這眞是美麗的差事，我們常利用看守灶火的機會，邀集了堂兄弟們，利用灶裡的火屎烘烤一些東西來吃；烘烤的東西範圍很廣，地瓜、黃豆、花生、河蝦、蚱蜢、蟋蟀、大肚魚……，反正，田裡河邊偷得到，抓得到，摸得到的……都入了灶裡，進入我們的五臟廟中，這種遊戲往往是團體活動，一兩個負責看守灶火，其他的便出游擊任務，因之，那個季節裡，地瓜田被挖得亂七八糟的，所在都有。

當然，爐灶打開太多次，使得菸樓裡的溫度猛地下降得太厲害燙傷了菸葉，挨父母親一頓棍子是免不了的，只是，那個時候，一頓棍子比起那麼多美味的東西和有趣的玩意，却也有著一種陰沈的樂趣呢！

這種樂趣，這一代家鄉的小孩已經享受不到

了，大約是十年前吧，不知道由那家開始引進了柴油的燃燒機，因爲燒柴油價格較便宜，火勢穩定，燻烤出來的菸葉色澤平均而優美，於是大家競相購進柴油燃燒機，昔日燒柴火的爐灶被重新改裝，一些美麗的童年遊戲便隨之消失了。

或許隨附著時代消失的不只是這些吧！最近，因爲科技的發達，已經有幾個農家，改建全電腦自動控制的烤菸室了，這種新式的烤菸設備，不必再有高高的閣樓，不必再有諸多的排氣窗，煙囪雖然還有，但變成短短的排氣孔。一切都進步了，一切都便捷了，可以預見的，幾年之內，優美的閣樓式的菸樓，將一一被拆除，改換成方方整整，磚塊似的建築。所謂「現代」的定義便是如此，一切追求便捷，效率與統一性，而「美」則是遠遠被摒棄在生活之外的。

幾十年之中，美濃的菸樓由土造的，改成磚造的，而鋼筋水泥……，但在這些變遷之中，它都一直保存著那高雅的、孤傲的閣樓式的形態；如今，家鄉的農民在現代化的逼迫之下，卻不得不一一砍平了它孤傲的身姿。失去了閣樓的菸樓，便失去了性格，甚至失去了稱呼爲「樓」的資格。

隨著社會的變遷，今日美濃已不是往昔保守而純樸的農村，大多數挖土掘地的年輕農夫流入都市，成了廉價的勞工，種菸的人也逐漸少了。

菸樓低下了頭，菸樓背後的檳榔樹，顯得更孤獨了，或許，孤獨的不只是檳榔樹，整個美濃，也正一步一步地走向雖富有，卻更孤單更寂寞的現代陰影之中……。

——原刊晨星出版《永遠的傘姿》

## 國立中央圖書館出版品預行編目資料

新个客家人／臺灣客家公共事務協會編.--第一版.--臺北市：臺原出版：吳氏總經銷，民80

面；　　公分,--(協和臺灣叢刊；23)

ISBM 957-9261-20-2（平裝）

1.客家—論文，講詞等

536.218　　　　80003960

●協和台灣叢刊23●

# 新个客家人

編者／台灣客家公共事務協會

校　對／黃秀莉．陳嫣紅．吳瑞琴
發行人／林經甫
總編輯／劉還月
執行編輯／吳瑞琴
編　輯／陳嫣紅
美術編輯／王佳莉
出版發行／協和藝術文化基金會
　　　臺原出版社
地　址／台北市松江路85巷5號（協和醫院地下室）
電　話／（02）5072222
郵政劃撥／1264701～8
出版登記／局版台業字第四三五六號
法律顧問／許森貴律師
地　址／台北市長安西路246號4樓
印　刷／松霖彩色印刷事業有限公司
電　話／（02）2405000
總經銷／吳氏圖書公司
地　址／台北市和平西路一段150號2樓之4
電　話／（02）3034150
定　價／新台幣二二〇元
第一版第一刷／一九九一年（民八〇）十二月





ISBN　957-9261-20-2